PONS

Kinderwörterbuch

Englisch - Deutsch

mit über 600 Bildern

von:
Andrea Ender

Illustrationen von:
May Kong

Neu 1999

Ernst Klett Verlag
Stuttgart - Düsseldorf - Leipzig

PONS Kinderwörterbuch Englisch - Deutsch

von: Andrea Ender
Illustrationen von: May Kong

Neu 1999
Redaktion PONS

Die Deutsche Bibliothek - CIP - Einheitsaufnahme

PONS Kinderwörterbuch Englisch-Deutsch : mit über 600 Bildern ; [folgt der reformierten Rechtschreibung und Zeichensetzung] / von: Andrea Ender. Ill. von May Kong. - 1. Aufl. - Stuttgart ; Düsseldorf ; Leipzig : Klett, 1999
ISBN 3-12-517640-9

Dieses Werk folgt der reformierten
Rechtschreibung und Zeichensetzung

1. Auflage 1999

Redaktion: Andrea Ender
Illustrationen: May Kong, Singapur
Einbandgestaltung: Erwin Poell, Heidelberg;
Ira Häußler, Tatjana Kaplunowa, Stuttgart
Druck: KHL Printing Co Pte Ltd
Printed in Singapore
ISBN 3-12-517640-9

Vorwort

Das **PONS Kinderwörterbuch** ist für Kinder zwischen sechs und zehn Jahren gedacht. Es hilft den Kindern, die Bedeutungen der englischen Wörter zu lernen und mit Spaß nachzuschlagen.

Die über 1.500 englischen Wörter umfassen nicht nur den für die Altersgruppe wichtigen Grundwortschatz, sondern sie entsprechen auch den Interessen der Kinder. So sind z.B. viele Tiere aufgeführt, wie *squirrel* (Eichhörnchen), *parrot* (Papagei), *dragonfly* (Libelle) und *seal* (Seehund).

Die Bedeutung jedes im Wörterbuch vorkommenden englischen Wortes wird in einfachem Englisch erklärt und zusätzlich durch einen Beispielsatz mit deutscher Übersetzung veranschaulicht. Falls es für ein Wort mehrere Bedeutungen gibt, wird jede Bedeutung mit einer fett gedruckten Zahl versehen. Die vielen lustigen, bunten Bilder und Fotos erleichtern außerdem das Lernen und verführen zum Schmökern.

Jede rechte Wörterbuchseite enthält unten eine Quizfrage, mit der spielerisch getestet wird, inwieweit die Kinder die englischen Wörter auf der Doppelseite schon verstanden haben. Dabei können die Eltern ihren Kindern helfen und vielleicht bei dieser Gelegenheit auch das eine oder andere Wort noch selbst dazu lernen. Die Antworten zu diesen Quizfragen stehen am Ende des Wörterbuchs.

Das gesamte Konzept des **PONS Kinderwörterbuchs** wurde speziell für Kinder entworfen. Es ermöglicht das erste Verstehen der englischen Sprache und den Einstieg in die Benutzung von komplexeren und größeren Wörterbüchern in der Zukunft.

Liste der 44 Lautschriftzeichen

5 lange Vokale

bee	[biː]
bird	[bɜːd]
horse	[hɔːs]
car	[kɑː]
you	[juː]

7 kurze Vokale

cat	[kæt]
pet	[pet]
kid	[kɪd]
sun	[sʌn]
sister	['sɪstə]
put	[pʊt]
dog	[dɒg]

8 Doppelvokale

boy	[bɔɪ]
ear	[ɪə]
eye	[aɪ]
nose	[nəʊz]
mouth	[maʊθ]
hair	[heə]
day	[deɪ]
tour	[tʊə]

16 betonte Konsonanten

baby	['beɪbɪ]
Dad	[dæd]
green	[griːn]
hand	[hænd]
lamb	[læm]
Mum	[mʌm]
no	[nəʊ]
king	[kɪŋ]
jungle	['dʒʌŋgl]
red	[red]
vase	[vɑːz]
way	[weɪ]
yes	[jes]
zoo	[zuː]
treasure	['treʒə]
the	[ðə]

8 unbetonte Konsonanten

cat	[kæt]
fish	[fɪʃ]
pen	[pen]
six	[sɪks]
sheep	[ʃiːp]
chair	[tʃeə]
two	[tuː]
three	[θriː]

1 Betonungszeichen: baby ['beɪbɪ]

Aa

a, an [ə, ən]
one (ein):
*Sandra has **an** apple and **a** pear.*
Sandra hat **einen** Apfel und **eine** Birne.

able ['eɪbl]
knowing how to do something (können): *Tim **is able to** ride a bicycle.* Tim **kann** Rad fahren.

above [ə'bʌv]
higher than something (über, oberhalb): *Your nose is **above** your mouth.* Deine Nase ist **über** deinem Mund.

absent ['æbsənt]
away; not there (nicht da):
*Toby is **absent from** school today because he is ill.*
Toby ist heute **nicht in** der Schule, weil er krank ist.

accept [ək'sept]
to take something that is given to you (entgegennehmen):
*Kathy **accepted** a present from her uncle.* Kathy **nahm** ein Geschenk von ihrem Onkel **entgegen**.

accident ['æksɪdənt]
something bad that happens when people sometimes get hurt (der Unfall):
*Polly had an **accident** and cut her leg.* Polly hatte einen **Unfall** und verletzte sich das Bein.

across [ə'krɒs]
1. on the other side of something (gegenüber):
*My friend lives in the house **across the street**.*
Meine Freundin wohnt in dem Haus **gegenüber**.
2. from one side of something to the other side of it (über):
*The elephant is walking **across** the road.*
Der Elefant läuft **über** die Straße.

act [ækt]
to play in a film or a play (spielen):
*Patrick **acted** the part of the wolf in the school play.* Patrick **spielte** den Wolf in dem Schulstück.

action ['ækʃn]
something that you do (das Handeln):
*The fireman's quick **action** saved the little girl's life.*
Das schnelle **Handeln** des Feuerwehrmanns rettete dem kleinen Mädchen das Leben.

actor ['æktə]
a man who acts in a film or play (der Schauspieler):
*Who is your favourite film **actor**?*
Wer ist dein Lieblingsfilm**schauspieler**?

actress ['æktrəs]
a woman who acts in a film or play (die Schauspielerin):
*Many girls would like to become an **actress**.*
Viele Mädchen möchten gern **Schauspielerin** werden.

add [æd]
1. to put one thing with another (hinzufügen, gießen):
*Mum **added** milk to her coffee.*
Mama **goss** Milch in ihren Kaffee.
2. to find how much you get when you put numbers together (zusammenzählen, addieren):
*If you **add** five and two you get seven.* Wenn du fünf und zwei **addierst**, erhältst du sieben.

address [ə'dres]
the number of the house and the name of the street and town where a person lives (die Adresse):
*Helen wrote the **address** of her new friend in her **address** book.*
Helen schrieb die **Adresse** ihrer neuen Freundin in ihr **Adress**buch.

aeroplane ['eərəpleɪn]
a machine that flies through the air and carries passengers (das Flugzeug):
*The **aeroplane** is landing at the airport.*
Das **Flugzeug** landet gerade auf dem Flughafen.

afraid [ə'freɪd]
frightened (Angst haben):
*Mandy **is afraid of** monsters.*
Mandy **hat Angst vor** Monstern.

after ['ɑːftə]
1. later than something or someone else (nachdem):
*We went outside **after** it had stopped raining.* Wir gingen nach draußen **nachdem** es aufgehört hatte zu regnen.
2. following someone (hinter ... her): *The policeman ran **after** the thief.* Der Polizist rannte **hinter** dem Dieb **her**.
3. behind (nach): *The pupils left the classroom **one after another**.* Die Schüler verließen **hintereinander** das Klassenzimmer.

afternoon [ɑːftə'nuːn]
the time between lunchtime and evening (der Nachmittag):
*We often play in the park **in the afternoon.***
Am Nachmittag spielen wir oft im Park.

again [ə'gen]
one more time
(wieder; noch einmal):
*Please say it **again**.*
Sag es bitte **noch einmal**.

against [ə'genst]
1. touching something (gegen):
*The elephant is leaning **against** the wall.* Der Elefant lehnt sich **gegen** die Wand.

2. on the opposite side to someone else (gegen):
*Our team played **against** a team from Italy.*
Unsere Mannschaft spielte **gegen** eine Mannschaft aus Italien.

age [eɪdʒ]
the number of years that you have lived (das Alter):
*Children usually learn to read **at the age of** six.* Kinder lernen normalerweise **im Alter von** sechs Jahren lesen.

agree [ə'griː]
1. to think the same as someone else (zustimmen):
*Rita thinks this exercise is very difficult, and Tim **agrees** with her.* Rita meint, dass diese Aufgabe sehr schwer sei, und Tim **stimmt** ihr da **zu**.
2. to say that you will do something that you have been asked to do (einverstanden sein):
*Peter **agreed** to help Helen with her bags.*
Peter **war damit einverstanden**, dass er Helens Taschen trägt.

air [eə]
1. the gas all around us that we breathe (die Luft):
*Peter went outside to get **some fresh air**.*
Peter ging nach draußen um **frische Luft** zu schnappen.
2. the space above the ground (die Luft):
*Dick kicked the ball into the **air**.*
Dick kickte den Ball in die **Luft**.

airport ['eəpɔːt]
the place where aeroplanes take off and land
(der Flughafen):
*I watched the plane from London landing at the **airport.***
Ich schaute zu, wie das Flugzeug aus London auf dem **Flughafen** landete.

album ['ælbəm]
a kind of book in which you put stamps or photographs that you have collected
(das Album):
*Jane puts all her photographs into the **album**.*
Jane steckt alle ihre Fotos ins **Album**.

alive [ə'laɪv]
living; not dead (lebend):
*My dog **is** still **alive** – he is only playing dead.* Mein Hund **lebt** noch - er spielt nur tot.

all [ɔːl]
1. the whole of something (ganz): *Norman ate **all** the ice-cream and did not give any of it to his brother.*
Norman aß das **ganze** Eis und gab seinem Bruder gar nichts.
2. everyone (alle):
*Sally invited **all** her friends to her birthday party.* Sally lud **alle** ihre Freundinnen und Freunde zu ihrer Geburtstagsparty ein.

alligator ['ælɪgeɪtə]
a large animal like a crocodile (der Alligator): *There are **alligators** along the coast of Florida.* Entlang der Küste von Florida gibt es **Alligatoren**.

allow [ə'laʊ]
to let someone do something (erlauben): *Mum **allowed** Harry and Sandra to go to the circus.*
Mama **erlaubte** Harry und Sandra in den Zirkus zu gehen.

alone [ə'ləʊn]
not with other people (allein):
*Mrs Lee is **alone** at home.*
Frau Lee ist **allein** zu Hause.

along [ə'lɒŋ]
from one end of something to the other end (entlang):
*The cat is walking **along** the wall.*
Die Katze läuft die Mauer **entlang**.

alphabet ['ælfəbet]
the letters A - Z
(das Alphabet):
*Do you know the whole **alphabet**?*
Kannst du das ganze **Alphabet**?

ambulance ['æmbjʊləns]
a vehicle that is used for taking sick people to hospital
(der Krankenwagen):
*Someone called for an **ambulance** because Mike hurt his leg in a car accident.*
Jemand rief einen **Krankenwagen** weil Mike sich das Bein bei einem Autounfall verletzt hatte.

anchor ['æŋkə]
a heavy thing at the end of a long chain that is dropped from a boat into the water to stop it from moving
(der Anker):
*The sailors dropped **anchor** not far from the beach.*
Die Matrosen warfen nicht weit vom Strand entfernt **Anker**.

angry ['æŋgrɪ]
having a strong feeling against someone (verärgert, wütend):
*Dad **is angry with** Harry because he broke the window.*
Papa **ist über** Harry **verärgert** weil er die Fensterscheibe eingeschlagen hat.

animal ['ænɪml]
a living thing that can move about (das Tier): *We saw monkeys, lions, crocodiles and many other **animals** in the zoo.*
Im Zoo sahen wir Affen, Löwen, Krokodile und viele andere **Tiere**.

ankle ['æŋkl]
the part of your leg that is joined with your foot (der Knöchel):
*Dave hurt his **ankle** on a stone.*
Dave verletzte sich den **Knöchel** an einem Stein.

answer ['ɑːnsə]
to say something to someone who has asked you a question (antworten): *"How many months are there in a year?" asked the teacher. "Twelve," **answered** Betty.* "Wie viele Monate hat ein Jahr?" fragte die Lehrerin. - "Zwölf", **antwortete** Betty.

answer ['ɑːnsə]
what you say or write when you are asked a question in a test or puzzle (die Antwort; die Lösung):
*Betty knew the right **answers** to all the sums.* Betty wusste die richtigen **Lösungen** für alle Rechenaufgaben.

ant [ænt]
a small insect that has no wings and lives in a very large group (die Ameise): *An **ant** can carry things that are heavier than itself.*
Eine **Ameise** kann Dinge tragen, die schwerer sind als sie selbst.

anything ['enɪθɪŋ]
something (etwas):
*Norman does **not** want **anything** to eat because he has already eaten five sandwiches.*
Norman möchte **nichts** essen, weil er schon fünf Sandwiches gegessen hat.

apron ['eɪprən]
something that you wear to protect the front of your clothes (der Schurz): *Granny always wears an **apron** when she is cooking.* Oma trägt beim Kochen immer einen **Schurz**.

?

Where do aeroplanes take off and land?

____

aquarium [ə'kweərɪəm]
a glass tank filled with water that you can keep fish in (das Aquarium):
In our living-room there is a large ***aquarium*** *with many beautiful fish and water plants.*
In unserem Wohnzimmer haben wir ein großes **Aquarium** mit vielen schönen Fischen und Wasserpflanzen.

argue ['ɑːgjuː]
to say things which show that you do not agree with someone; to quarrel (sich streiten):
Sandra and Polly are ***arguing*** *over the bicycle.*
Sandra und Polly **streiten sich** um das Fahrrad.

arm [ɑːm]
1. the part of your body that goes from your shoulder to your hand (der Arm):
Polly is holding her cat in her ***arms.*** Polly hält ihre Katze in den **Armen**.

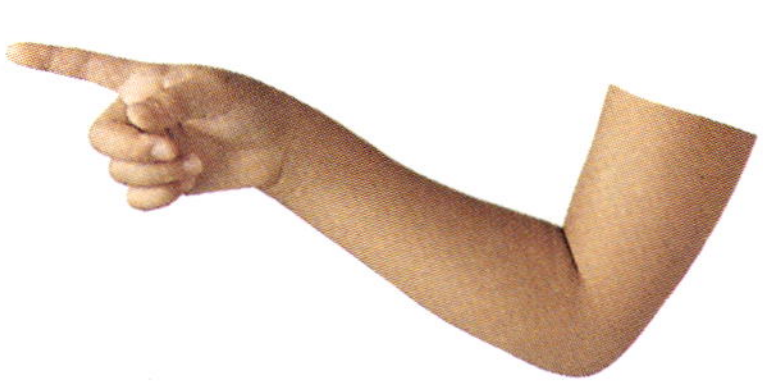

2. the part of a chair that you rest your arm on (die Armlehne):
Bob put the tea cup on the ***arm*** *of his chair.*
Bob stellte die Teetasse auf die **Armlehne** seines Sessels.

armchair ['ɑːmtʃeə]
a comfortable chair with two arms (der Sessel):
Toby likes to sit in an ***armchair*** *when he is reading a book.*
Toby sitzt gern in einem **Sessel**, wenn er ein Buch liest.

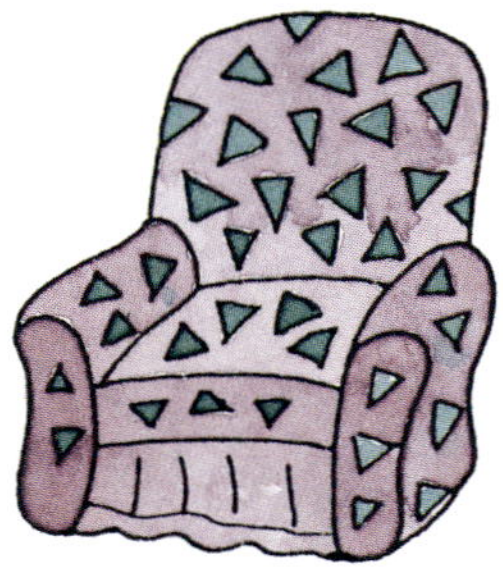

army ['ɑːmɪ]
a large group of soldiers (die Armee): *The two* ***armies*** *were fighting each other.* Die beiden **Armeen** kämpften gegeneinander.

around [ə'raʊnd]
1. in a circle round something (um ... herum): *Grandad is chasing the monkey* ***around*** *the tree.*

Opa jagt den Affen **um** den Baum **herum**.
2. here and there (herum...):
The children played ***around*** *on the beach.* Die Kinder spielten am Strand **herum**.

arrange [ə'reɪndʒ]
1. to put things somewhere so that they look nice or tidy (ordnen; arrangieren):
Mum is ***arranging*** *the flowers in a vase.* Mama **arrangiert** die Blumen in einer Vase.
2. to plan something (organisieren):
The teacher has ***arranged*** *a school trip to the museum.*
Der Lehrer hat eine Klassenfahrt ins Museum **organisiert**.

arrive [ə'raɪv]
to reach a place (ankommen):
The train from London ***arrives*** *at half past ten.* Der Zug aus London **kommt** um halb elf **an**.

arrow ['ærəʊ]
1. a thin, straight stick that is shot from a bow (der Pfeil):
Paul shot his ***arrow*** *high into the air.*
Paul schoss seinen **Pfeil** hoch in die Luft.
2. a sign in the shape of an arrow that shows you where something is (der Pfeil):
This ***arrow*** *points to the exit.*
Dieser **Pfeil** zeigt zum Ausgang.

art [ɑːt]
painting, drawing and carving (die Kunst): *Rita wants to study* ***art*** *when she grows up.*
Rita möchte später einmal **Kunst** studieren.

artist ['ɑːtɪst]
a person who paints, draws or makes statues (der/die Künstler/in):
The ***artist*** *is painting a picture in bright colours.* Der **Künstler** malt mit kräftigen Farben ein Bild.

ask [ɑːsk]
1. to put a question to someone (fragen):
"Why are you laughing?" Sandra ***asked*** *Tim.* "Warum lachst du?" **fragte** Sandra Tim.
2. to say that you want something (bitten): *Harry is* ***asking*** *his mother* ***for*** *some more ice-cream.*
Harry **bittet** seine Mutter **um** noch etwas mehr Eis.

asleep [ə'sli:p]
sleeping (schlafend):
We must be quiet because the baby ***is asleep****.* Wir müssen leise sein, weil das Baby **schläft**.

astronaut ['æstrənɔ:t]
a person who travels in space (der/die Astronaut/in):
The ***astronauts*** *flew to the moon in a spaceship.* Die **Astronauten** flogen in einem Raumschiff zum Mond.

attack [ə'tæk]
to rush at someone and hurt them
(angreifen):
The big dog ***attacked*** *the burglar and bit him in the leg.*
Der große Hund **griff** den Einbrecher **an** und biss ihm ins Bein.

audience ['ɔ:dıəns]
a group of people who watch or listen to a play, concert or film (das Publikum, die Zuschauer):
There was a large ***audience*** *at the play.*
Bei dem Theaterstück waren viele **Zuschauer**.

aunt [ɑ:nt]
a sister of your mother or father; the wife of your uncle (die Tante):
Toby welcomed his ***aunt*** *when she came to visit him.*
Toby begrüßte seine **Tante** als sie zu Besuch kam.

awake [ə'weık]
not asleep (wach):
The baby is ***awake*** *and wants some milk.*
Das Baby ist **wach** und möchte seine Milch.

axe [æks]
a sharp tool with a handle for cutting wood
(die Axt):
Uncle Roy gave Toby a toy ***axe****.*
Onkel Roy schenkte Toby eine Spielzeug**axt**.

Bb

baby ['beıbı]
a very young child
(das Baby):
The ***baby*** *is drinking some milk out of a bottle.*
Das **Baby** trinkt seine Milch aus einem Fläschchen.

back [bæk]
1. the part of you that is behind you, from your neck down to your bottom (der Rücken):
Mr Lee is carrying a heavy sack on his ***back****.*
Herr Lee trägt einen schweren Sack auf dem **Rücken**.
2. not the front of something (die Rückseite):
Jane wrote her name on the ***back*** *of her picture.*
Janet schrieb ihren Namen auf die **Rückseite** ihres Bildes.
3. to the same person or place again (zurück):
Tim gave the book ***back*** *to Sally.*
Tim gab Sally das Buch **zurück**.

bacon ['beıkən]
salty meat from a pig
(der Speck):
Granny is frying five rashers of ***bacon*** *and three eggs.*
Oma brät fünf Scheiben **Speck** und drei Spiegeleier.

?

Do you keep axes in an aquarium?

bad [bæd]
1. not good (schlecht):
*Norman is **bad at** sums.*
Norman ist **schlecht** im Rechnen.
2. naughty (böse; unartig):
*Dick is a **bad** boy – he likes to pull Polly's hair.* Dick ist ein **böser** Junge - er zieht immer an Pollys Haaren.

badge [bædʒ]
a small piece of cloth, plastic or metal with a picture or words on it that you wear on your clothes (das Abzeichen; der Button):
*Dave's cap has a yellow **badge** with the letter 'D' on it.* Auf Daves Kappe ist ein gelbes **Abzeichen** mit dem Buchstaben 'D' darauf.

bag [bæg]
something made of paper, plastic, cloth or leather in which you can carry things
(die Tüte; die Tasche): *Harry carries his school books in his **bag**.* Harry trägt seine Schulbücher in seiner Schul**tasche**.

bake [beɪk]
to cook something in an oven (backen): *Mum **baked** a very nice cake.* Mama hat einen sehr guten Kuchen **gebacken**.

baker ['beɪkə]
1. a person who makes bread and cakes (der/die Bäcker/in):
*Norman wants to become a **baker** because he loves cakes.*
Norman möchte **Bäcker** werden, weil er so gerne Kuchen mag.
2. a shop where you can buy bread and cakes (die Bäckerei):
*Granny bought a loaf of bread **at the baker's**.* Oma kaufte ein Brot **beim Bäcker**.

ball [bɔːl]
a round thing that you use for playing games (der Ball):
*Dick is kicking the **ball** into the air.*
Dick kickt den **Ball** in die Luft.

ballet ['bæleɪ]
a kind of difficult dancing, often on your toes
(das Ballett):
*Sally is taking **ballet** lessons.*
Sally nimmt **Ballett**unterricht.

balloon [bə'luːn]
a large round thing like a very light ball that is filled with air or gas (der Luftballon):
*Uncle Tom is blowing up a blue **balloon**.* Onkel Tom bläst einen blauen **Luftballon** auf.

banana [bə'nɑːnə]
a long, sweet fruit with a thick yellow or green skin that grows in hot countries (die Banane):
*A **banana** is very easy to peel.*
Eine **Banane** kann man sehr leicht schälen.

band [bænd]
a group of musicians
(die Band): *Mike and John play the trumpet in the school **band**.*
Mike und John spielen in der Schul**band** Trompete.

bandage ['bændɪdʒ]
a long piece of cloth for tying round a part of your body that has been cut or hurt
(der Verband):
*The nurse put a **bandage** round Harry's arm.*
Die Krankenschwester legte einen **Verband** um Harrys Arm.

bank [bæŋk]
1. a place where people can leave their money safely and where money is lent or changed
(die Bank):
*Mrs Lee keeps her savings **in the bank**.*
Frau Lee hat ihre Ersparnisse **auf der Bank**.
2. the ground along the edge of a river or lake (das Ufer):
*Uncle Bob went for a walk along the river **bank**.*
Onkel Bob ging am Fluss**ufer** entlang spazieren.

barbecue ['bɑːbɪkjuː]
1. a kind of cooker for cooking meat and other food outdoors over a fire (der Grill):
*Granny is cooking chicken pieces on the **barbecue**.*
Oma grillt Hähnchenteile auf dem **Grill**.

2. a party at which food is cooked on a barbecue (das Grillfest):
*We are having a **barbecue** tonight.*
Wir machen heute abend ein **Grillfest**.

barber ['bɑːbə]
a person who cuts men's hair (der Herrenfriseur):
*Uncle Tom is **at the barber's**.*
Onkel Tom ist **beim Friseur**.

bark [bɑːk]
to make the noise of a dog (bellen):
*My dog always **barks at** cats.*
Mein Hund **bellt** immer Katzen **an**.

basket ['bɑːskɪt]
something made of thin pieces of wood or cane for carrying and holding things
(der Korb):
*Mrs Lee is carrying lots of fruit in her shopping **basket**.*
Frau Lee hat viel Obst in ihrem Einkaufs**korb**.

bat [bæt]
1. a piece of wood that is used for hitting the ball in some games (das Schlagholz; der Schläger):
*Harry can hit the ball hard with his baseball **bat**.*
Harry kann den Ball mit seinem Baseball**schläger** fest schlagen.
2. a small animal with wings that looks a bit like a mouse
(die Fledermaus):
***Bats** fly at night and are nearly blind.* **Fledermäuse** fliegen nachts und sind fast blind.

bath [bɑːθ]
1. a long container for water that you sit in to wash your body
(die Badewanne):
*Granny filled the **bath** with warm water.* Oma ließ die **Badewanne** mit warmen Wasser voll laufen.
2. washing your body in a bath (das Baden): *Patrick is **having a bath**.* Patrick **badet** gerade.

bathe ['beɪð]
to go swimming (baden):
*We enjoy **bathing** in the sea.*
Wir **baden** gern im Meer.

bathroom ['bɑːθruːm]
a room where there is a bath or a shower, a wash-basin, and sometimes a toilet
(das Bad, das Badezimmer):
*In our house we have a small **bathroom** with a pink bath.*
In unserem Haus haben wir ein kleines **Badezimmer** mit einer rosa Badewanne.

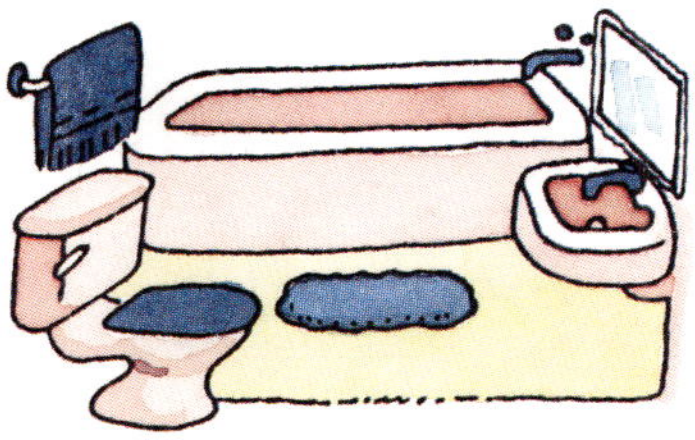

battery ['bætrɪ]
a thing that stores electricity and is used to make something work
(die Batterie):
*My mum gave me two **batteries** for my radio.*
Meine Mama gab mir zwei **Batterien** für mein Radio.

beach [biːtʃ]
a long, narrow piece of land beside the sea that is covered with sand or pebbles
(der Strand): *My little brother is building a sand castle **on the beach**.* Mein kleiner Bruder baut eine Sandburg **am Strand**.

beak [biːk]
the hard part of a bird's mouth that is used for picking up food
(der Schnabel):
*A parrot has a crooked **beak**.*
Ein Papagei hat einen krummen **Schnabel**.

bean [biːn]
a vegetable of many different kinds that grows on a climbing plant (die Bohne):
*I like all kinds of **beans**.*
Ich mag alle Arten von **Bohnen**.

bear [beə]
a large wild animal that has thick fur and sharp claws (der Bär):
*We saw a **polar bear** in the zoo.*
Wir sahen einen **Eisbären** im Zoo.

?

Can you have a barbecue on a beach?

beard [bɪəd]
the hair that grows on a man's face (der Bart):
This old man has a long, grey ***beard****.* Dieser alte Mann trägt einen langen, grauen **Bart**.

beat [biːt]
1. to hit (schlagen):
The drummer is ***beating*** *his drum.* Der Trommler **schlägt** seine Trommel.
2. to win against someone (schlagen): *Tim* ***beat*** *Harry in the swimming competition.*
Tim **schlug** Harry in dem Schwimmwettberb.

beautiful ['bjuːtɪfl]
1. very nice to look at; pretty (schön, herrlich):
What a ***beautiful*** *bunch of flowers!* Was für ein **schöner** Blumenstrauß!
2. lovely (schön):
The children are singing a very ***beautiful*** *song.* Die Kinder singen ein sehr **schönes** Lied.

bed [bed]
a piece of furniture that you sleep on (das Bett):
Norman is lying in his ***bed****.*
Norman liegt in seinem **Bett**.

bedroom ['bedruːm]
a room for sleeping in (das Schlafzimmer; das Zimmer):
Patrick shares a ***bedroom*** *with his brother.*
Patrick hat mit seinem Bruder zusammen ein **Zimmer**.

bee [biː]
an insect that makes honey (die Biene):
Bees *are kept in a* ***beehive****.*
Bienen werden in einem **Bienenstock** gehalten.

beef [biːf]
the meat of a cow or bull (das Rindfleisch): *The butcher cut a piece of* ***beef*** *into thick slices.*
Der Metzger zerschnitt ein Stück **Rindfleisch** in dicke Scheiben.

beetle ['biːtl]
an insect with two hard covers over its wings (der Käfer):
This ***beetle*** *has a horn on its head.* Dieser **Käfer** hat ein Horn auf seinem Kopf.

before [bɪ'fɔː]
1. earlier than (vor; bevor):
I wash my hands ***before*** *eating.*
Ich wasche mir die Hände **bevor** ich etwas esse.
2. earlier (vorher; schon einmal):
I don't want to watch this film - I have seen it ***before****.* Ich möchte diesen Film nicht sehen - ich habe ihn **schon einmal** gesehen.

beg [beg]
1. to ask someone to do something because you want it very much (bitten):
Sally ***begged*** *her parents to buy her a puppy.* Sally **bat** ihre Eltern ihr einen jungen Hund zu kaufen.
2. to ask someone for food or money (betteln):
The poor old woman was ***begging*** *in the street because she had nothing to eat.* Die arme alte Frau **bettelte** auf der Straße, weil sie nichts zu essen hatte.

begin [bɪ'gɪn]
to start (beginnen, anfangen):
The film has already ***begun****.*

behind [bɪ'haɪnd]
at the back of something; not in front of something (hinter):
Harry is walking ***behind*** *his dog.*
Harry läuft **hinter** seinem Hund her.

bell [bel]
1. a thing that makes a ringing sound (die Klingel):
Toby ***rang the doorbell*** *and waited for his friend to open the door.* Toby **klingelte** und wartete darauf, dass sein Freund die Türe aufmachte.
2. a metal thing shaped like a cup which has a piece of metal hanging inside it that hits the sides and makes a sound (die Glocke):
Sandra is ringing her small ***bell****.*
Sandra klingelt mit ihrer kleinen **Glocke**.

belong [bɪ'lɒŋ]
to be owned by someone (gehören):
This book ***belongs*** *to Jane.*
Dieses Buch **gehört** Jane.

below [bɪ'ləʊ]
lower than something; not above (unter, unterhalb): *Your mouth is* ***below*** *your nose.* Dein Mund ist **unterhalb** deiner Nase.

belt [belt]
a long piece of leather or cloth that you wear round your waist (der Gürtel):
*Norman is wearing a brown **belt**.*
Norman trägt einen braunen **Gürtel**.

bench [bentʃ]
a long seat made of wood or metal (die Bank):
*Nobody is sitting on this park **bench**.* Auf dieser Park**bank** sitzt niemand.

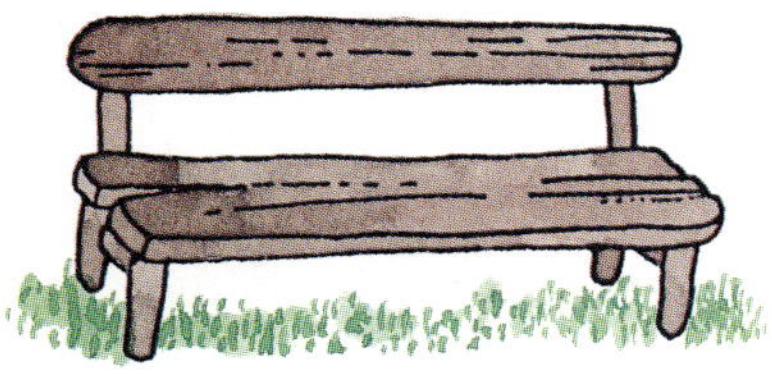

bend [bend]
1. to move the top part of your body towards the ground (biegen; sich bücken):
*Simon **bent down** to pick up a coin.* Simon **bückte sich** um eine Münze aufzuheben.

2. to make something crooked (verbiegen):
*Dick is **bending** a spoon.*
Dick **verbiegt** einen Löffel.

beside [bɪ'saɪd]
at the side of someone or something (neben):
*The cube is **beside** the glasses.*
Der Würfel ist **neben** der Brille.

between [bɪ'twiːn]
1. in the space dividing two things or people (zwischen):
*Harry is sitting **between** his father and his mother.*
Harry sitzt **zwischen** seinem Vater und seiner Mutter.

2. giving some to one person and some to the other (unter sich):
*Peter and Helen divided the last piece of cake **between** them.*
Peter und Helen teilten das letzte Stück Kuchen **unter sich** auf.

bicycle ['baɪsɪkl]
a vehicle with two wheels and a seat for one person who makes it go forward by pushing the pedals (das Fahrrad, das Rad):
*Can you **ride a bicycle**?*
Kannst du **Rad fahren**?

big [bɪg]
large; not small (groß):
*An elephant is very **big**.*
Ein Elefant ist sehr **groß**.

binoculars [bɪ'nɒkjʊləz]
a thing which you look through so that you can see things that are far away (das Fernglas):
*Bob watched the eagle through his **binoculars**.* Bob beobachtete den Adler durch sein **Fernglas**.

bird [bɜːd]
an animal with wings and feathers (der Vogel):
*Sparrows, crows, pigeons and penguins are all **birds**.*
Spatzen, Krähen, Tauben und Pinguine sind **Vögel**.

birthday ['bɜːθdeɪ]
the day on which you were born (der Geburtstag): *Today is Tim's **birthday** and he is having a **birthday** party.* Heute hat Tim **Geburtstag** und er gibt eine **Geburtstags**party.

biscuit ['bɪskɪt]
a kind of very small flat cake (der Keks): *Norman loves to eat **biscuits**.* Norman isst sehr gern **Kekse**.

?

Can you use binoculars to watch a bird in the sky?

____

A B C D E F G H I J K L M N O P Q R S T U V W X Y Z

bite [baɪt]
1. to cut through something with your teeth (beißen):
*Mandy **bit** off a piece of her apple.*
Mandy **biss** ein Stück von ihrem Apfel ab.
2. to cut through your skin (stechen):
*Polly was **bitten** by a mosquito.*
Polly wurde von einer Stechmücke **gestochen**.

black [blæk]
the darkest colour; the opposite of white (schwarz):
*The **black** dog is chasing a **black** cat.* Der **schwarze** Hund jagt einer **schwarzen** Katze nach.

blackboard ['blækbɔːd]
a large, dark-coloured board in a classroom (die Tafel):
*Our teacher writes on the **blackboard** with a piece of white chalk.*
Unsere Lehrerin schreibt mit einem Stück weißer Kreide an die **Tafel**.

blanket ['blæŋkɪt]
a large cover made of wool that you put on a bed to keep you warm (die Decke):
*We put a white **blanket** on the bed.* Wir legten eine weiße **Decke** auf das Bett.

blind [blaɪnd]
not able to see (blind):
*This **blind** woman uses a stick to feel the ground.* Diese **blinde** Frau benutzt einen Stock um den Boden abzutasten.

block [blɒk]
1. a large building with a lot of flats or offices in it (der Block):
*Mr Smith lives in a **block of flats** in the city centre.*
Herr Smith wohnt in einem **Wohnblock** im Stadtzentrum.
2. a large piece of wood or stone (der Block, der Klotz):
*Mr Smiley chopped the **block of wood** into small pieces.*
Herr Smiley hackte den **Holzblock** in kleine Teile.

blood [blʌd]
the red liquid in your body (das Blut): *Granny put a plaster on the cut to stop the **blood** from flowing.* Oma machte sie sich ein Pflaster auf die Wunde um das **Blut** zu stillen.

blouse [blaʊz]
a kind of shirt that a girl or a woman wears (die Bluse):
*Sandra doesn't like this pink **blouse**.* Sandra mag diese rosa **Bluse** nicht.

blow [bləʊ]
1. to move along as the wind does (wehen): *The wind is **blowing** through the trees.*
Der Wind **weht** durch die Bäume.
2. to make something move as the wind does (blasen):
*The strong wind **blew** Mrs Lee's umbrella away.*
Der starke Wind **blies** Frau Lees Schirm davon.
3. to make a sound by breathing hard into a whistle or trumpet (blasen, pfeifen):
*Dave **blew** his whistle to call his dog.* Dave **pfiff** um seinen Hund herzuholen.

blunt [blʌnt]
not sharp (stumpf):
*Polly cannot cut the meat because her knife is **blunt**.*
Polly kann das Fleisch nicht schneiden, weil ihr Messer **stumpf** ist.

boat [bəʊt]
a vehicle for travelling across water; a ship (das Boot):
*Peter crossed the river **by boat**.*
Peter überquerte den Fluss **mit einem Boot**.

body ['bɒdɪ]
the whole of a person or animal (der Körper):
*Bob has a temperature and his whole **body** is aching.*
Bob hat Fieber und sein ganzer **Körper** tut ihm weh.

boil [bɔɪl]
1. to heat water until it bubbles (kochen, sieden):
*The water is **boiling**.*
Das Wasser **kocht**.
2. to cook something by boiling it (kochen): *Aunt Molly is **boiling** the gravy in a pan.*
Tante Molly **kocht** die Bratensoße in einer Pfanne.

bone [bəʊn]
one of the hard pieces inside a body (der Knochen):
*Dogs like to chew large **bones**.*
Hunde kauen gern an großen **Knochen** herum.

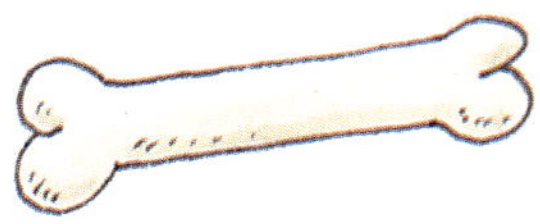

book [bʊk]
a lot of sheets of paper that are bound together (das Buch):
*Grandad is reading a **book** to Harry.*
Opa liest Harry ein **Buch** vor.

boot [buːt]
a shoe with a part that covers your ankles (der Stiefel):
Sally is wearing her high ***boots*** *because it is raining today.*
Sally trägt ihre hohen **Stiefel**, weil es heute regnet.

born [bɔːn]
beginning your life (geboren):
Peter was ***born*** *on 24 May 1992.*
Peter wurde am 24. Mai 1992 **geboren**.

borrow ['bɒrəʊ]
to take something away for some time and return it later (sich leihen, sich borgen):
Helen is ***borrowing*** *a book from the library.* Helen **leiht sich** ein Buch aus der Bücherei.

both [bəʊθ]
the two; the one and the other (beide): *Polly and Sandra are my friends –* ***both*** *are very nice.* Polly und Sandra sind meine Freundinnen - **beide** sind sehr nett.

bottle ['bɒtl]
a container made of glass or plastic for liquids (die Flasche):
Norman drank two ***bottles*** *of orange juice.* Norman trank zwei **Flaschen** Orangensaft.

bottom ['bɒtəm]
1. the lowest part of anything (das untere Ende): *The page number is* ***at the bottom*** *of the page.* Die Seitenzahl ist **am unteren Ende** der Seite.
2. the part of your body that you sit on (der Hintern, der Po): *Toby slipped and fell on his* ***bottom.*** Toby rutschte aus und fiel auf den **Hintern**.

bounce [baʊns]
1. to move back after hitting something (abprallen):
The ball ***bounced off*** *the wall.*
Der Ball **prallte** von der Wand **ab**.
2. to throw a ball against something so that it moves back again (aufprallen lassen):
Andy is ***bouncing*** *his ball on the pavement.* Andy **lässt** seinen Ball auf den Gehweg **aufprallen**.

bow [bəʊ]
1. a knot with two loops and two loose ends
(die Schleife):
Helen has a red ***bow*** *in her hair.*
Helen hat eine rote **Schleife** im Haar.

2. a long piece of wood bent by a string for shooting arrows
(der Bogen):
Andy shot an apple off the tree with his ***bow*** *and arrow.*
Andy schoss mit seinem Pfeil und **Bogen** einen Apfel vom Baum.

bow [baʊ]
to bend your body forward when you are saying "hello" or "thank you" to someone politely
(sich verbeugen):
The magician ***bowed to*** *the audience.*
Der Zauberer **verbeugte sich vor** dem Publikum.

bowl [bəʊl]
a deep round dish
(die Schüssel; die Schale):
Mum put four ***bowls*** *on the table.*
Mama stellte vier **Schüsseln** auf den Tisch.

box [bɒks]
1. a container made of cardboard or wood for keeping things in
(die Schachtel; der Karton; die Kiste; der Kasten):
These shoes are in a ***cardboard box.*** Die Schuhe sind in einem **Karton**.

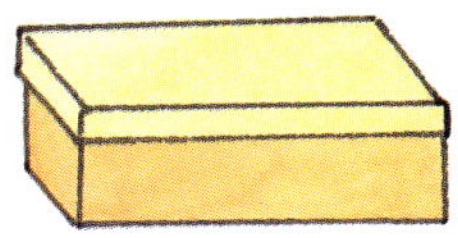

2. to fight someone as a sport, wearing big leather gloves
(boxen):
Dick wants to learn to ***box.***
Dick möchte **boxen** lernen.

?

Do you wear a blouse, a bow or boots on your feet?

____

boxer ['bɒksə]
a sportsman who boxes
(der Boxer):
*Both **boxers** were hurt in the fight.*
Beide **Boxer** wurden in dem Boxkampf verletzt.

boy [bɔɪ]
a male child (der Junge):
*The **boys** are playing football.*
Die **Jungen** spielen Fußball.

branch [brɑːntʃ]
a part of a tree that grows from the trunk (der Ast):
*The cat jumped up to the lowest **branch** of the tree.*
Die Katze sprang auf den untersten **Ast** des Baumes.

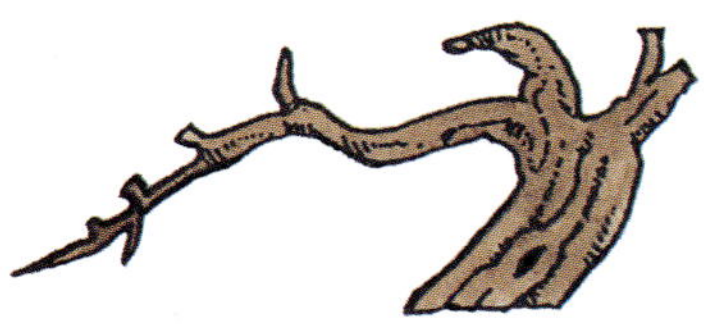

brave [breɪv]
not afraid of danger or pain
(mutig; tapfer):
*It was very **brave** of Sandra not to cry when the dentist pulled out her bad tooth.*
Sadra war sehr **tapfer** und weinte nicht, als der Zahnarzt den kaputten Zahn zog.

bread [bred]
a food that is made from flour and water and baked in an oven
(das Brot):
*Mrs Lee is buying a **loaf of bread** at the baker's.* Frau Lee kauft ein **Brot** beim Bäcker.

break [breɪk]
to divide into two or more pieces
(zerbrechen; kaputtmachen):
*Polly dropped the glass and it **broke**.* Polly liess das Glas fallen und es **zerbrach**.

breakfast ['brekfəst]
the meal in the morning
(das Frühstück):
*We have cornflakes and milk **for breakfast**.* Wir essen Cornflakes mit Milch **zum Frühstück**.

breathe [briːð]
to take in air through your nose and let it out again
(atmen; einatmen):
*We **breathe** in and out all the time.*
Wir **atmen** ständig ein und aus.

brick [brɪk]
a hard block that is used to build walls and houses
(der Ziegelstein; der Bauklotz):
*The worker is building a wall with red **bricks**.* Der Arbeiter baut eine Wand aus roten **Ziegelsteinen**.

bride [braɪd]
a woman who is getting married
(die Braut): *The **bride** is wearing a long white dress and a long veil.*
Die **Braut** trägt ein langes weißes Kleid und einen langen Schleier.

bridegroom ['braɪdgruːm]
a man who is getting married
(der Bräutigam): *The **bridegroom** is wearing a black suit.*
Der **Bräutigam** trägt einen schwarzen Anzug.

bridge [brɪdʒ]
a part of a road or railway that is built over a river or road so that people and vehicles can cross from one side to the other
(die Brücke):
*There is a big **bridge** across the river.*
Eine große **Brücke** führt über den Fluss.

bright [braɪt]
1. having a strong colour; not dark (hell; leuchtend):
*Lemons are **bright** yellow.*
Zitronen sind **leuchtend** gelb.

2. shining strongly (hell):
*The sun is very **bright** today.*
Die Sonne scheint heute sehr **hell**.
3. clever (intelligent, schlau):
*Betty is a **bright** girl, she learns new things quickly.*
Betty ist ein **intelligentes** Mädchen, sie lernt sehr schnell.

bring [brɪŋ]
to carry something with you; to make someone come with you
(bringen, mitbringen):
*Granny often **brings** us some chocolate.* Oma **bringt** uns oft Schokolade **mit**.

broom [bruːm]
a brush with a long handle for sweeping the floor (der Besen):
*Rita is sweeping up the mess with a **broom**.*
Rita kehrt den Dreck mit einem **Besen** zusammen.

brush [brʌʃ]
1. a thing with hard hair that you use for cleaning, scrubbing or painting (die Bürste):
*We use a **toothbrush** for cleaning our teeth, a **hairbrush** for tidying our hair and a **paintbrush** for painting.*
Wir benutzen eine **Zahnbürste** zum Zähneputzen, eine **Haarbürste** für unsere Haare und einen **Pinsel** zum Malen.

2. to clean or tidy with a brush (sich bürsten; sich putzen):
*Kathy is **brushing** her hair.*
Kathy **bürstet sich** gerade das Haar.

bubble ['bʌbl]
a little ball of air in a liquid; a little ball of soapy liquid (die Blase):
*Patrick is blowing nice big **soap bubbles**.* Patrick macht schöne große **Seifenblasen**.

bucket ['bʌkɪt]
a round plastic or metal container with a handle, for carrying water or sand (der Eimer):
*Andy was carrying sand in his **bucket**.* Andy trug Sand in seinem **Eimer**.

build [bɪld]
to make something by putting pieces together (bauen):
*The workers are **building** a large house with bricks.*
Die Arbeiter **bauen** ein großes Haus aus Ziegelsteinen.

building ['bɪldɪŋ]
something that has been built, such as a house, school or factory (das Gebäude):
*There are lots of tall **buildings** in the city centre.*
Im Stadtzentrum gibt es viele hohe **Gebäude**.

bull [bʊl]
a male cow (der Bulle; der Stier):
*A **bull** is the father of a calf.*
Ein **Bulle** ist der Vater eines Kalbs.

bulldozer ['bʊldəʊzə]
a kind of large tractor with a broad metal shovel at the front that is used for moving earth and stones (der Bulldozer, die Planierraupe):
*Mr Smiley is moving heavy rocks with the **bulldozer**.*
Herr Smiley befördert schwere Steine mit dem **Bulldozer**.

bump [bʌmp]
to knock against something (stoßen; sich anstoßen):
*Billy **bumped into** a lamp post and hurt his head.*
Billy **stieß gegen** einen Laternenpfahl und verletzte sich den Kopf.

bun [bʌn]
a kind of bread roll; a small round cake (das Brötchen; das süße Teilchen): *Sandra is eating a **bun**.*
Sandra isst ein **Brötchen**.

bunch [bʌntʃ]
a group of things that are joined together
(der Strauß; der Bund):
*Mandy bought a **bunch of flowers** for her mother.*
Mandy kaufte ihrer Mutter einen **Blumenstrauß**.

burglar ['bɜːglə]
a person who breaks into a house to steal things
(der/die Einbrecher/in):
*The two policemen caught the **burglar** when he tried to flee with a television set.* Die zwei Polizisten schnappten den **Einbrecher**, als er versuchte mit einem Fernsehapparat zu flüchten.

?

Do you use a brush or a broom for scrubbing?

____

burn [bɜːn]
1. to be on fire (brennen):
*The wood is **burning**.*
Das Holz **brennt**.

2. to spoil food by using too much heat (verbrennen):
*Mum threw away the **burnt** toast.*
Mama warf den **verbrannten** Toast weg.
3. to hurt yourself with fire or something very hot
(sich verbrennen):
*Sally **burnt** her finger on the hot iron.* Sally **verbrannte sich** den Finger am heißen Bügeleisen.

burst [bɜːst]
1. to break suddenly
(platzen; zum Platzen bringen):
*The balloon **burst** with a loud bang.*
Der Luftballon **platzte** mit einem lauten Knall.

2. to come suddenly
(hineinstürzen; hereinstürzen):
*Billy **burst into** the classroom without knocking.*
Billy **stürzte** ohne zu klopfen ins Klassenzimmer **hinein**.

bury ['berɪ]
to put something into a hole in the ground and cover it up
(vergraben):
*The dog is **burying** a bone in the garden.* Der Hund **vergräbt** einen Knochen im Garten.

bus [bʌs]
a large vehicle carrying a lot of passengers by road
(der Bus):
*Mike is waiting for a **bus** at the **bus** stop.*
Mike wartet auf einen **Bus** an der **Bus**haltestelle.

bush [bʊʃ]
a plant that looks like a small tree without a trunk
(der Busch, der Strauch):
*Uncle Bob has planted some **bushes** in his garden.*
Onkel Bob hat ein paar **Büsche** in seinen Garten gepflanzt.

butcher ['bʊtʃə]
1. a shop where meat is sold
(der Metzger, die Metzgerei):
*Mum bought some pork and sausages **at the butcher's**.*
Mama hat Schweinefleisch und Würste **beim Metzger** gekauft.
2. a person who sells meat
(der/die Metzger/in):
*The **butcher** is cutting some meat.*
Der **Metzger** schneidet gerade Fleisch.

butter ['bʌtə]
a kind of fat that is made of cream
(die Butter):
*Norman spread a lot of **butter** and jam on his piece of toast.*
Norman strich viel **Butter** und Marmelade auf seinen Toast.

butterfly ['bʌtəflaɪ]
an insect with very large wings
(der Schmetterling):
*This **butterfly** has very beautiful wings.* Dieser **Schmetterling** hat sehr schöne Flügel.

button ['bʌtn]
1. a small, round thing for closing shirts, jackets or coats
(der Knopf):
*Dave's shirt has five **buttons** and six **buttonholes**.*
Daves Hemd hat fünf **Knöpfe** und sechs **Knopflöcher**.

2. a small thing that you press to switch something on or off or to ring a bell (der Knopf):
*This is the **button** for switching the television off.* Das ist der **Knopf**, mit dem man den Fernseher ausschaltet.

buy ['baɪ]
to get something by paying for it with money (kaufen):
*Harry is **buying** himself an ice-cream.*
Harry **kauft** sich ein Eis.

Cc

cabbage ['kæbɪdʒ]
a vegetable that looks like a ball of leaves (der Kohl):
*Granny cooked a nice soup with **green cabbage**, carrots and peas.*
Oma kochte eine gute Suppe aus **Grünkohl**, Karotten und Erbsen.

cage [keɪdʒ]
a place, closed in with long pieces of metal, where birds or animals are kept (der Käfig):
*In the zoo the monkeys play around in their **cage**.*
Im Zoo spielen die Affen in ihrem **Käfig** herum.

cake [keɪk]
a sweet food that is made by mixing and baking flour, fat, eggs, sugar and other things (der Kuchen; die Torte):
*Mum baked a very nice **chocolate cream cake**.*
Mutti backte eine sehr gute **Schokoladentorte**.

calculator ['kælkjʊleɪtə]
a small machine for working out sums, that you can carry in your pocket (der Taschenrechner):
*Dad used a **calculator** to add up all the numbers.* Papa benutzte einen **Taschenrechner** um alle Zahlen zusammenzurechnen.

calendar ['kæləndə]
a card or a set of pages that shows the months and days of the year (der Kalender):
*Dave is looking at the **calendar** because he doesn't know today's date.* Dave schaut auf den **Kalender**, weil er nicht weiß, den Wievielten wir heute haben.

calf [kɑːf]
a baby cow (das Kalb):
*The **calves** are following their mothers across the field.*
Die **Kälber** folgen ihren Müttern über die Weide.

call [kɔːl]
1. to give a name to someone or something (heißen; nennen):
*My little brother **is called** Andy.*
Mein kleiner Bruder **heißt** Andy.
2. to shout to someone to get them to come to you (rufen):
*Sandra is **calling** her dog.*
Sandra **ruft** ihren Hund.
3. to telephone someone (anrufen):
*Mum **called** Aunt Mary to invite her for the weekend.*
Mama hat Tante Mary **angerufen** und sie für das Wochenende eingeladen.

camel ['kæml]
a large animal that has one or two large humps on its back and carries goods and people (das Kamel):
*A **camel** can live for a long time without drinking water.*
Ein **Kamel** kann lange Zeit ohne Wasser auskommen.

camera ['kæmərə]
a kind of small machine that you take photographs with (die Kamera):
*Sally took some nice pictures with her new **camera**.*
Sally hat mit ihrer neuen **Kamera** ein paar schöne Bilder gemacht.

camp [kæmp]
to live in a tent for a short time (zelten, kampieren):
*Mike and his friends went **camping** during the summer holidays.* Mike und seine Freunde sind in den Sommerferien **zelten** gegangen.

?

Do you ride a camel or a camera?

candle ['kændl]
a stick of hard wax with a string through the middle that you burn to give light (die Kerze):
*Mum put one red **candle** on Dad's birthday cake.*
Mama steckte eine rote **Kerze** auf Papas Geburtstagstorte.

canoe [kə'nuː]
a small narrow boat that you move with a paddle (das Kanu):
*Bobby is going down the river in a **canoe**.* Bobby fährt in einem **Kanu** den Fluss hinunter.

cap [kæp]
1. a soft, flat hat (die Mütze):
*Do you like Peter's red **cap**?*
Gefällt dir Peters rote **Mütze**?

2. the top of a bottle or pen (der Verschluss; die Kappe):
*Put the **cap** back on the bottle, please.* Mach bitte den **Verschluss** wieder auf die Flasche.

captain ['kæptɪn]
the person who looks after a ship or an aeroplane (der Kapitän):
*The **captain** welcomed the passengers onto the ship.*
Der **Kapitän** begrüßte die Passagiere an Bord des Schiffes.

car [kɑː]
a vehicle with an engine and four wheels, for carrying people (das Auto, der Wagen):
*Mum takes me to school **by car**.*
Mama fährt mich **mit dem Auto** zur Schule.

card [kɑːd]
1. a piece of strong paper with a picture on it (die Karte):
*Aunt Mary sent Harry a **birthday card**.*
Tante Mary hat Harry eine **Geburtstagskarte** geschickt.
2. a small piece of strong paper with a number or picture on it that you use for playing games (die Spielkarte):
*The children played a **game of cards**.*
Die Kinder spielten **Karten**.

careful ['keəfl]
making sure that you do not have an accident or make a mistake (vorsichtig; sorgfältig):
*Polly is being very **careful** so that she doesn't drop the glasses on the tray.*
Polly ist sehr **vorsichtig**, damit sie die Gläser auf dem Tablett nicht fallen lässt.

carpenter ['kɑːpəntə]
a person who makes and repairs things out of wood (der/die Tischler/in):
*The **carpenter** is cutting a piece of wood with his saw.*
Der **Tischler** schneidet ein Stück Holz mit seiner Säge ab.

carpet ['kɑːpɪt]
a thick piece of cloth that is used to cover the floor (der Teppich):
*We have a red **carpet** in our living-room.*
Wir haben einen roten **Teppich** in unserem Wohnzimmer.

carrot ['kærət]
a long, thin, orange-coloured vegetable that grows under the ground (die Karotte, die Möhre):
*I like to drink cold **carrot** juice.*
Ich trinke gern kalten **Karottensaft**.

carry ['kærɪ]
to take something from one place to another (tragen):
*Sandra **carried** the puppy home.*
Sandra **trug** das Hündchen nach Hause.

cartoon [kɑː'tuːn]
a film in which everything is drawn (der Zeichentrickfilm):
*Harry likes to watch funny **cartoons** on television.*
Harry sieht sich gern lustige **Zeichentrickfilme** im Fernsehen an.

carve [kɑːv]
to cut something out of wood or stone (schnitzen; hauen):
*Peter is **carving** a boat out of a piece of wood.*
Peter **schnitzt** ein Boot aus einem Stück Holz.

cassette [kə'set]
a small, flat plastic thing that you put into a cassette recorder to listen to music or stories (die Kassette):
*This is a **cassette** with funny stories.* Auf dieser **Kassette** sind lustige Geschichten.

castle ['kɑːsl]
a large building that has strong walls and towers to protect the people inside (die Burg; das Schloss):
*The knights lived in the **castle** on the hill.*
Die Ritter lebten in der **Burg** auf dem Berg.

cat [kæt]
an animal with soft fur, sharp claws, whiskers and a long tail that people keep as a pet (die Katze):
*A **cat** catches mice and birds.*
Eine **Katze** fängt Mäuse und Vögel.

catch [kætʃ]
1. to get hold of something that is falling or being thrown (fangen): *Toby tried to **catch** the ball but Rita **caught** it first.*
Toby versuchte den Ball zu **fangen**, aber Rita **fing** ihn zuerst.
2. to get hold of an animal or fish (fangen): *The fishermen have **caught** a lot of fish today.*
Die Fischer haben heute viele Fische **gefangen**.
3. to get hold of a person (fangen, schnappen):
*The police **caught** the burglars.*
Die Polizei hat die Einbrecher **geschnappt**.
4. to get on a bus or train before it leaves (erreichen, erwischen):
*Paul had to run to **catch** the school bus.*
Paul musste rennen um den Schulbus noch zu **erreichen**.

caterpillar ['kætəpɪlə]
a very small animal that looks like a worm and turns into a butterfly or moth (die Raupe):
*A **caterpillar** eats lots of leaves.*
Eine **Raupe** frisst sehr viele Blätter.

cauliflower ['kɒlɪflaʊə]
a vegetable that looks like a white ball with green leaves around it (der Blumenkohl):
*This is a dish with **cauliflower**, milk, flour and cheese.*
Das ist ein Gericht aus **Blumenkohl**, Milch, Mehl und Käse.

cave [keɪv]
a large hole in a rock or mountain or under the ground (die Höhle):
*Two brown bears live in this **cave**.*
In dieser **Höhle** leben zwei Braunbären.

ceiling ['siːlɪŋ]
the roof inside a room (die Decke):
*Dad is painting the kitchen **ceiling** yellow.*
Papa malt die Küchen**decke** gelb.

celery ['selərɪ]
a vegetable that looks like a bundle of long pale green sticks (der/die Stangensellerie):
*Mum made a salad with **celery**, cucumbers and carrots.*
Mama machte einen Salat aus **Stangensellerie**, Gurken und Karotten.

centre ['sentə]
1. the middle of something (das Zentrum, die Mitte):
*Betty is standing in the **centre** of the circle.*
Betty steht in der **Mitte** des Kreises.
2. a large building where many people go to (das Zentrum):
*In the **sports centre** there is a swimming pool and tennis courts.*
Im **Sportzentrum** gibt es ein Schwimmbad und Tennisplätze.

chain [tʃeɪn]
a number of metal rings that are joined together in a line (die Kette):
*Rita is wearing a gold **chain** round her neck.* Rita trägt eine Gold**kette** um den Hals.

chair [tʃeə]
a piece of furniture for one person to sit on, with a back and four legs (der Stuhl):
*This is a wicker **chair**.*
Das ist ein Korb**stuhl**.

chalk [tʃɔːk]
a kind of crayon for writing or drawing on blackboards (die Kreide):
*Bob likes to draw with red **chalk**.*
Bob malt gern mit roter **Kreide**.

?

Find three vegetables on these two pages.

A B C D E F G H I J K L M N O P Q R S T U V W X Y Z

change [tʃeɪndʒ]
1. to become different (sich verändern):
Suddenly the weather ***changed*** *and it started to rain.*
Plötzlich **veränderte sich** das Wetter und es fing an zu regnen.
2. to make something different (wechseln; ändern):
Robert ***changed*** *his name to Bobby.*
Robert **änderte** seinen Namen zu Bobby.
3. to put on different clothes (sich umziehen):
We ***change*** *our clothes after school.* Wir **ziehen uns** nach der Schule **um**.
4. to give one kind of money for another kind (wechseln):
Mr Lee ***changed*** *$100 into ten $10 notes at the bank.*
Herr Lee **wechselte** $100 in zehn $10-Scheine auf der Bank.
5. to get off one bus or train and get on to another (umsteigen):
We have to ***change*** *in York.*
Wir müssen in York **umsteigen**.

chase [tʃeɪs]
to run after someone or something (jagen, verfolgen):
The policeman is ***chasing*** *the thief.*
Der Polizist **verfolgt** den Dieb.

cheap [tʃiːp]
costing very little money; not expensive (billig):
Granny bought a big bunch of bananas because they were so ***cheap***.
Oma kaufte viele Bananen, weil sie so **billig** waren.

check [tʃek]
to make sure that something is correct
(überprüfen, kontrollieren):
Linda is counting her school books to ***check*** *that she has them all.*
Linda zählt ihre Schulbücher um zu **überprüfen**, dass sie alle hat.

cheek [tʃiːk]
the side of your face (die Backe):
Rita has red ***cheeks***.
Rita hat rote **Backen**.

cheese [tʃiːz]
a solid yellow or white food that is made from milk (der Käse):
Dad likes to eat all kinds of ***cheese***. Papa isst gern alle Arten von **Käse**.

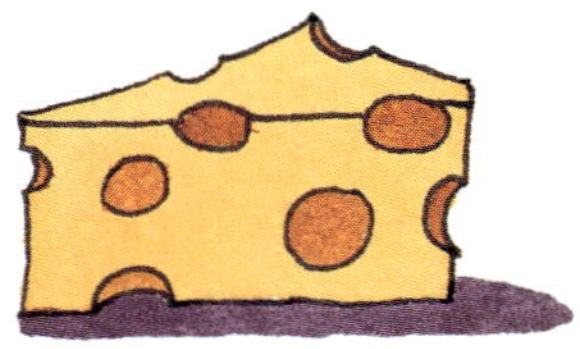

cherry [tʃerɪ]
a small, round, soft fruit with a red or black skin and a stone inside (die Kirsche):
Tim climbed up the ***cherry tree*** *and picked a lot of* ***cherries***.
Tim kletterte auf den **Kirschbaum** und pflückte viele **Kirschen**.

chest [tʃest]
1. the front part of your body between your neck and your waist (die Brust):
Dick is beating his ***chest*** *just like the gorilla in the zoo.*
Dick schlägt sich, wie der Gorilla im Zoo, auf die **Brust**.
2. a large, strong box for storing things (die Kiste; die Truhe):
The pirates kept the stolen treasure in two big ***chests***.
Die Piraten legten den gestohlenen Schatz in zwei große **Kisten**.

chew [tʃuː]
to break up food with your teeth so that it is easy to swallow (kauen): *The dog is* ***chewing*** *a bone.* Der Hund **kaut** auf einem Knochen herum.

chicken ['tʃɪkɪn]
1. a bird that is kept on a farm for its eggs and meat; a young hen or cock (das Huhn):
The farmer keeps thousands of ***chickens***. Der Bauer hat Tausende von **Hühnern**.
2 the meat from a chicken (das Hähnchen):
We had ***fried chicken*** *and rice for lunch.* Wir hatten **Brathähnchen** und Reis zum Mittagesssen.

child [tʃaɪld]
a boy or a girl who is not yet grown up (das Kind):
The ***children*** *like to play in the garden.* Die **Kinder** spielen gern im Garten.

chimpanzee [tʃɪmpæn'ziː]
a very clever animal with brown or black fur, like a monkey but larger and with no tail (der Schimpanse):
We watched the ***chimpanzees*** *at the zoo – they were very funny.*
Im Zoo haben wir den **Schimpansen** zugesehen - sie waren sehr lustig.

chocolate ['tʃɒklət]
1. a sweet, hard, brown food that is eaten as a sweet or used in cakes (die Schokolade):
Betty gave half of her ***bar of chocolate*** *to her sister.*
Betty gab die Hälfte ihrer **Tafel Schokolade** ihrer Schwester.
2. a small sweet covered with chocolate (die Praline):
Dad ate a box of ***chocolates***.
Papa aß eine Schachtel **Pralinen**.

choose [tʃuːz]
to take one thing and not another from a number of things (wählen, sich aussuchen):
*Sally can **choose** between a red dress and a blue dress.*
Sally kann zwischen einem roten und einem blauen Kleid **wählen**.

chop [tʃɒp]
to cut something into small pieces (hacken; klein schneiden):
*Mr Smiley is **chopping** wood.*
Herr Smiley **hackt** Holz.

Christmas ['krɪsməs]
a festival on 25 December, the birthday of Jesus Christ (das Weihnachten):
*At **Christmas** people give each other presents.*
An **Weihnachten** schenkt man sich gegenseitig Geschenke.

church [tʃɜːtʃ]
a building where people meet to pray to God (die Kirche):
*Rita and her family go to **church** every Sunday.*
Rita und ihre Familie gehen jeden Sonntag in die **Kirche**.

cinema ['sɪnəmə]
a building where films are shown (das Kino): *Tim and Dave went **to the cinema** to see an adventure film.* Tim und Dave sind **ins Kino** gegangen um sich einen Abenteuerfilm anzusehen.

circle ['sɜːkl]
a round shape; a ring (der Kreis):
*Patrick has drawn a **circle** around the correct answer.*
Patrick hat um die richtige Antwort einen **Kreis** gemalt.

circus ['sɜːkəs]
a show with acrobats, clowns and animals (der Zirkus):
*All the children like to go to the **circus**.* Alle Kinder gehen gern in den **Zirkus**.

city ['sɪtɪ]
a very large town (die Großstadt):
*There is a lot of traffic in a **city**.*
In einer **Großstadt** gibt es viel Verkehr.

clap [klæp]
to make a noise by hitting your hands together (klatschen):
*The audience **clapped** for a very long time at the end of the concert.*
Die Zuschauer **klatschten** am Ende des Konzerts sehr lange.

class [klɑːs]
a group of pupils who are taught together (die Klasse):
*There are twenty-four pupils in my **class**.*
In meiner **Klasse** sind 24 Schüler.

claw [klɔː]
one of the sharp nails that grow from an animal's foot (die Kralle; die Klaue):
*This cat has sharp **claws**.*
Diese Katze hat scharfe **Krallen**.

clean [kliːn]
1. without any dirt; not dirty (sauber): *Toby has **clean** hands but his shirt is very dirty.*
Toby hat **saubere** Hände, aber sein Hemd ist ganz dreckig.
2. to make something clean (sauber machen; putzen):
*I **clean** my teeth after every meal.*
Ich **putze mir** immer nach dem Essen die Zähne.

clear [klɪə]
easy to see through (klar):
*The water is so **clear** that Mandy can see her toes.*

Das Wasser ist so **klar**, dass Mandy ihre Zehen sehen kann.

clever ['klevə]
able to learn and understand quickly (schlau; klug):
*Betty is very **clever** – all her answers are correct.*
Betty ist sehr **schlau** - alle ihre Antworten sind richtig.

?

Which two words on these two pages are names for parts of your body or face?

cliff [klɪf]
a high piece of land with a very steep side next to the sea (die Klippe):
*Many sea birds build their nests along the **cliffs**.*
Viele Seevögel bauen ihre Nester entlang der **Klippen**.

climb [klaɪm]
to go up a mountain, a wall, a tree, a ladder or stairs (klettern auf, hinaufsteigen):
*Toby likes to **climb** trees.*
Toby **klettert** gern **auf** Bäume.

clinic ['klɪnɪk]
a hospital where people go to see a doctor (die Klinik):
*Norman went to the **clinic** because he had a stomachache.*
Norman ging in die **Klinik**, weil er Bauchschmerzen hatte.

clip [klɪp]
a small thing made of metal or plastic for holding things together (die Klammer; der Klips):
*Rita is wearing a red hair **clip**.*
Rita trägt eine rote Haar**klammer**.

clock [klɒk]
1. a thing that shows you what time it is (die Uhr):
*This **clock** is five minutes fast.*
Diese **Uhr** geht fünf Minuten vor.
2. a clock that you can set to make a noise (der Wecker)
*Mike set the **alarm clock** at half past twelve.* Mike stellte den **Wecker** auf halb eins.

close [kləʊz]
to shut (schließen, zumachen):
*The teacher asked Polly to **close** the door.*
Die Lehrerin bat Polly die Tür zu **schließen**.

close [kləʊs]
near; not far (nahe):
*Peter and Mike are sitting **close** together in the classroom.*
Peter und Mike sitzen im Klassenzimmer **nahe** beieinander.

cloth [klɒθ]
1. something that clothes and many other things are made from (der Stoff, das Tuch):
*A table**cloth** is a piece of **cloth** for covering a table.*
Ein Tisch**tuch** ist ein Stück **Stoff**, das man auf einen Tisch legt.
2. a piece of cloth that you use for cleaning (der Lappen): *Peter is cleaning his bicycle with a wet **cloth**.* Peter putzt sein Fahrrad mit einem nassen **Lappen**.

clothes [kləʊðz]
things that you wear, such as a shirt, trousers or a dress (die Kleidung):
*In winter we wear warm **clothes**.*
Im Winter tragen wir warme **Kleidung**.

cloud [klaʊd]
something white or grey that floats in the sky and is made of tiny drops of water (die Wolke):
*Dark **clouds** bring rain.*
Dunkle **Wolken** bringen Regen.

clown [klaʊn]
a person who does funny things to make people laugh (der Clown):
*This **clown** wears funny clothes and huge shoes.*
Dieser **Clown** trägt lustige Kleider und riesige Schuhe.

club [klʌb]
a group of people who have the same interest (der Club):
*Tim and Toby have joined the football **club**.* Tim und Toby sind dem Fußball**club** beigetreten.

coach [kəʊtʃ]
a large, comfortable bus for long journeys (der Reisebus):
*The tourists went to Heidelberg **by coach**.*
Die Touristen fuhren **mit dem Reisebus** nach Heidelberg.

coast [kəʊst]
the part of the land next to the sea (die Küste):
*The boat is sailing along the **coast**.* Das Boot fährt die **Küste** entlang.

coat [kəʊt]
a thing with long sleeves that you wear over other clothes when you go outside in cold weather; the fur or hair of an animal
(der Mantel; das Fell):
Sally took off her red ***coat*** *when she came home.*
Sally zog ihren roten **Mantel** aus als sie nach Hause kam.

cobra ['kəʊbrə]
a dangerous snake that lives in India and Africa (die Kobra):
A ***cobra*** *can kill other animals by biting them.* Eine **Kobra** kann andere Tiere mit einem Biss töten.

cock [kɒk]
a grown-up male chicken
(der Hahn): *A* ***cock*** *crows when the sun rises.* Ein **Hahn** kräht, wenn die Sonne aufgeht.

cockroach ['kɒkrəʊtʃ]
a large brown insect that lives in dirty kitchens (die Küchenschabe, der Kakerlak): ***Cockroaches*** *come out at night and eat food that is lying around.*
Kakerlaken kommen nachts heraus und fressen herumliegende Nahrungsmittel.

coconut ['kəʊkənʌt]
a very large nut with a hard brown shell and white flesh
(die Kokosnuss): ***Coconuts*** *grow on palm trees in hot countries.*
Kokosnüsse wachsen in heißen Ländern auf Palmen.

coffee ['kɒfɪ]
a hot dark brown drink
(der Kaffee):
Mrs Lee had a cup of ***coffee****.*
Mrs Lee trank eine Tasse **Kaffee**.

coin [kɔɪn]
a small, round, flat piece of metal that is used as money
(die Münze):
Patrick collects old ***coins****.*
Patrick sammelt alte **Münzen**.

cold [kəʊld]
1. not hot or warm (kalt):
Sandra ***feels cold*** *because the water is very* ***cold****.* Sandra **friert**, weil das Wasser sehr **kalt** ist.

2. an illness that makes you sneeze and cough (die Erkältung):
Rita has a bad ***cold****.* Rita hat eine schlimme **Erkältung**.

collect [kə'lekt]
1. to bring together; to gather (aufsammeln; zusammenbringen):
Sally is ***collecting*** *shells along the beach.*
Sally **sammelt** am Strand Muscheln **auf**.
2. to save up a lot of things of the same kind (sammeln):
Peter ***collects*** *stamps from all over the world.*
Peter **sammelt** Briefmarken aus der ganzen Welt.
3. to fetch someone or something (abholen):
My mum sometimes ***collects*** *me from school by car.*
Meine Mama **holt** mich manchmal mit dem Auto von der Schule **ab**.

colour ['kʌlə]
what you can see when there is light (die Farbe):
Yellow, red, green and blue are ***colours****.*
Gelb, Rot, Grün und Blau sind **Farben**.

comb [kəʊm]
to tidy your hair with a flat piece of plastic or metal that is called a **comb**
(kämmen):
Jane is ***combing*** *her long hair.*
Jane **kämmt** ihr langes Haar.

come [kʌm]
to move towards a place or person (kommen):
Mandy ***came*** *home late after the party.* Mandy **kam** nach der Party spät nach Hause.

?

Which person on these two pages can you see at a circus?

____

A B C D E F G H I J K L M N O P Q R S T U V W X Y Z

comfortable [ˈkʌmftəbl]
making you feel good (bequem; angenehm):
*An armchair is very **comfortable** to sit in.* In einem Sessel sitzt man sehr **bequem**.

competition [kɒmpəˈtɪʃn]
a test that many people take part in to find out who is the best (der Wettbewerb):
*Harry won first prize in the drawing **competition**.*
Harry gewann den ersten Preis in dem Mal**wettbewerb**.

computer [kəmˈpjuːtə]
a machine that can help with a lot of difficult work in a very short time (der Computer):
*Rita knows how to use a **computer**.* Rita weiß wie man einen **Computer** benutzt.

concert [ˈkɒnsət]
the playing of music or singing to an audience (das Konzert):
*The school orchestra is giving a **concert** on Saturday.*
Das Schulorchester gibt am Samstag ein **Konzert**.

conductor [kənˈdʌktə]
a person who stands in front of an orchestra and directs it (der/die Dirigent/in):
*The **conductor** is moving his baton.* Der **Dirigent** bewegt seinen Taktstock.

cone [kəʊn]
a shape that is round at one end and pointed at the other (der Kegel; die Eistüte):
*Norman had a **cone** with chocolate ice-cream.* Norman hatte eine **Eistüte** mit Schokoladeneis.

container [kənˈteɪnə]
a thing that you can put other things into (der Behälter; das Gefäß):
*Boxes, chests, pots and bottles are all **containers**.*
Schachteln, Kisten, Töpfe und Flaschen sind **Behälter**.

cook [kʊk]
to prepare and heat food (machen, zubereiten; kochen):
*Sally is helping her mother to **cook** the dinner.* Sally hilft ihrer Mutter das Abendessen zu **machen**.

cooker [ˈkʊkə]
a large, metal, box-shaped thing with an oven and heated plates on top for cooking food (der Herd):
*Granny is cooking soup on the **cooker**.* Oma kocht eine Suppe auf dem **Herd**.

cool [kuːl]
1. not too warm; fresh (kühl):
*There is always a **cool** wind by the sea.* Am Meer gibt es immer einen **kühlen** Wind.
2. to make cool (kühlen):
*Mandy is **cooling** her feet in the stream.* Mandy **kühlt** ihre Füße im Bach.

copy [ˈkɒpɪ]
to write something like something else (kopieren; abschreiben):
*Linda **copied** the numbers from the blackboard into her notebook.*
Linda **schrieb** die Zahlen von der Tafel in ihr Heft **ab**.

corn [kɔːn]
small, round, yellow seeds that are eaten as a vegetable (der Mais):
***Corn** tastes a bit sweet and is often called sweet **corn**.*
Mais schmeckt ein bisschen süß und wird deshalb oft süßer **Mais** genannt.

corner [ˈkɔːnə]
the place where two walls or streets meet (die Ecke):
*There is an old apple tree in a **corner** of the garden.*
Im Garten in einer **Ecke** steht ein alter Apfelbaum.

cornflakes [ˈkɔːnfleɪks]
a dry breakfast food that is made from corn (die Cornflakes):
*Norman had a bowl of **cornflakes** with milk and sugar for breakfast.*
Norman aß eine Schüssel **Cornflakes** mit Milch und Zucker zum Frühstück.

correct [kəˈrekt]
not wrong; right (richtig):
*There are no mistakes in Betty's sums – they are all **correct**.*
In Bettys Aufgaben sind keine Fehler - sie sind alle **richtig**.

corridor [ˈkɒrɪdɔː]
a long narrow way in a building with doors along its sides (der Korridor; der Gang):
*Our classroom is at the end of the **corridor**.*
Unser Klassenzimmer ist am Ende des **Gangs**.

cost [kɒst]
to have a price (kosten):
*This hamburger **costs** $1.90.*
Dieser Hamburger **kostet** $1,90.

cough [kɒf]
to make a loud noise in your throat (husten):
*Billy is **coughing** a lot because he has a bad cold.*
Billy **hustet** viel, weil er eine schlimme Erkältung hat.

count [kaʊnt]
1. to say numbers one after another (zählen):
*My little brother can **count** up to twenty.*
Mein kleiner Bruder kann bis zwanzig **zählen**.
2. to add things up to find out how many there are (zählen):
*The rich man is **counting** all his money.*
Der reiche Mann **zählt** sein gesamtes Geld.

country [ˈkʌntrɪ]
1. any land in the world (das Land): *India is a large **country** in Asia.* Indien ist ein großes **Land** in Asien.
2. the part of the land that is away from the town (das Land):
*Mr and Mrs Lee own a house **in the country** where they often spend their weekends.*
Herr und Frau Lee haben ein Haus **auf dem Land**, wo sie oft das Wochenende verbringen.

cousin [ˈkʌzn]
a child of your aunt and uncle (der Cousin/die Cousine):
*Linda and Sally are **cousins** of Bobby.* Linda und Sally sind **Cousinen** von Bobby.

cover [ˈkʌvə]
to put something over someone or something (zudecken; bedecken):
*Mum **covered** Sandra with a blanket.*
Mama **deckte** Sandra mit einer Decke **zu**.

cow [kaʊ]
a large animal that gives us milk and is kept on a farm (die Kuh):
*A **cow** chews grass for many hours each day.*
Eine **Kuh** kaut jeden Tag viele Stunden lang Gras.

crab [kræb]
a sea animal that has a hard shell, eight legs and two large claws and walks sideways (der Krebs):
*Tim found a **crab** on the beach.*
Tim fand einen **Krebs** am Strand.

cradle [ˈkreɪdl]
a baby's bed that can be rocked from side to side (die Wiege):
*Mrs Smith rocked the **cradle** gently until her baby fell asleep.*
Frau Smith schaukelte sachte die **Wiege** bis ihr Baby einschlief.

crane [ˈkreɪn]
1. a large machine that has a long arm and chain and moves heavy things by lifting them (der Kran):
*The **crane** is lifting a heavy tree trunk.*
Der **Kran** hebt einen schweren Baumstamm.

2. a large bird with a long neck and long legs (der Kranich):
***Cranes** can walk through water with their long legs.* **Kraniche** können mit ihren langen Beinen durchs Wasser laufen.

?

Which animal on these two pages walks sideways?

____

crash [kræʃ]
1. to hit against something (verunglücken; krachen):
*Mr Jones drove too fast and **crashed** his car **into** a wall.*
Herr Jones fuhr zu schnell und **krachte** mit dem Auto **gegen** eine Mauer.
2. to fall down, making a loud noise (krachen): *The tins **crashed** to the floor.* Die Dosen **krachten** auf den Boden.

crawl [krɔːl]
to move on your hands and knees (krabbeln):
*The baby is **crawling** about the living-room.* Das Baby **krabbelt** im Wohnzimmer herum.

crayon ['kreɪɒn]
a coloured pencil that you use for drawing
(der Buntstift; Wachsmalstift):
*Rita draws a river with a blue **crayon**.* Rita malt einen Fluss mit einem blauen **Wachsmalstift**.

cream [kriːm]
1. a thick, white liquid that forms on top of milk (die Sahne):
*We had strawberries and **whipped cream** for dessert.*
Als Nachtisch hatten wir Erdbeeren mit **Schlagsahne**.
2. something soft that you can rub into your skin (die Creme):
*Helen put some **cream** on her hands.* Helen gab etwas **Creme** auf ihre Hände.

creep [kriːp]
to move slowly and quietly
(sich anschleichen): *Toby **crept up** behind Linda to frighten her.*
Toby **schlich sich** hinter Linda **an** um sie zu erschrecken.

croak [krəʊk]
to make the sound of a frog (quaken):
*After the rain you can hear the frogs **croaking** by the pond.*
Nach dem Regen kann man die Frösche am Teich **quaken** hören.

crocodile ['krɒkədaɪl]
a large animal that has a thick skin, a long body and a long tail, short legs and sharp teeth
(das Krokodil):
***Crocodiles** live near rivers and lakes in hot countries.*
Krokodile leben in heißen Ländern in der Nähe von Flüssen und Seen.

crooked ['krʊkɪd]
bent; not straight (krumm):
*The old apple tree has a **crooked** trunk.*
Der alte Apfelbaum hat einen **krummen** Stamm.

cross [krɒs]
1. a shape like this + (das Kreuz):
*There is a **cross** on top of the church tower.*
Oben auf dem Kirchturm ist ein **Kreuz**.
2. a written mark like this x (das Kreuz):
*The teacher put a **cross** next to the wrong answer.*
Der Lehrer machte neben die falsche Antwort ein **Kreuz**.

cross [krɒs]
to go from one side to the other (überqueren; durchqueren):
*Dave and Polly **crossed** the street at the zebra crossing.*
Dave und Polly **überquerten** die Straße am Zebrastreifen.

crow [krəʊ]
a large black bird
(die Krähe):
*A **crow** can make a loud noise.*
Eine **Krähe** kann sehr laut sein.

crowd [kraʊd]
a lot of people who have come together in one place
(die Menschenmenge):
*There was a huge **crowd** at the football match.*
Beim Fußballspiel gab es eine riesige **Menschenmenge**.

crown [kraʊn]
a round thing made of gold that kings or queens sometimes wear on their heads (die Krone):
*The queen is sitting on her throne wearing her **crown**.*
Die Königin sitzt auf dem Thron und trägt eine **Krone**.

cruel ['kruːəl]
wicked; not kind (grausam):
*The witch in the story was very **cruel** to the boy and locked him up in a small cage.*
Die Hexe in dem Märchen war zu dem Jungen sehr **grausam** und sperrte ihn in einen kleinen Käfig.

cry [kraɪ]
1. to let tears come from your eyes (weinen):
*Jane **cried** when she fell down and hurt her knee.*
Jane **weinte** als sie hinfiel und sich das Knie verletzte.

2. to shout (rufen; schreien):
*"Stop it!" **cried** Harry.*
"Hör auf!" **rief** Harry.

cub [kʌb]
the baby of wild animals, such as lions, bears and wolves
(das Junge): *In the zoo we watched the two bear **cubs** playing with each other.* Im Zoo sahen wir zwei Bären**jungen** zu wie sie miteinander spielten.

cucumber ['kjuːkʌmbə]
a long, thin, green vegetable
(die Gurke):
*Dad made a salad with **cucumber**, tomatoes and lettuce.*
Papa machte einen Salat mit **Gurke**, Tomaten und Kopfsalat.

cuckoo ['kʊkuː]
a grey bird that makes "cuck-oo"
(der Kuckuck): ***Cuckoos** lay their eggs in other birds' nests.*
Kuckucke legen ihre Eier in die Nester anderer Vögel.

cup [kʌp]
1. a small bowl with a handle that you drink liquids from (die Tasse):
*Granny is pouring tea into a **cup**.*
Oma gießt Tee in eine **Tasse**.
2. the liquid inside (die Tasse):
*Dad is drinking a **cup of** coffee.*
Papa drinkt eine **Tasse** Kaffee.

cupboard ['kʌbəd]
a piece of furniture with shelves and doors in which things can be kept (der Schrank):
*I keep all my toys in this **cupboard**.*
Ich habe alle meine Spielsachen in diesem **Schrank**.

curl [kɜːl]
a bit of hair that is twisted
(die Locke):
*Paul has dark brown **curls**.*
Paul hat dunkelbraune **Locken**.

curtain ['kɜːtn]
1. a long piece of cloth that hangs from the top of a window
(der Vorhang):
*In the mornings Rita draws the **curtains** to let the sun into her bedroom.*
Morgens zieht Rita die **Vorhänge** auf, damit die Sonne in ihr Zimmer scheint.

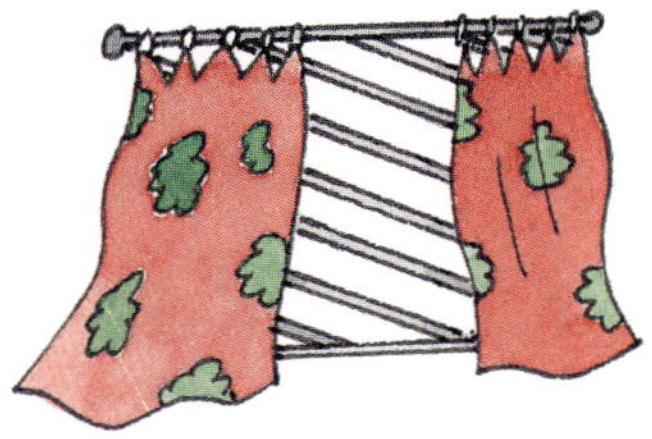

2. a large piece of cloth that hangs in front of the stage in a theatre (der Vorhang):
*The audience clapped when the **curtain** fell after the play.*
Die Zuschauer klatschten als der **Vorhang** nach dem Stück fiel.

cushion ['kʊʃn]
a square or round soft thing that you put on a sofa or chair to make it more comfortable
(das Kissen):
*There are two small **cushions** on the sofa.* Auf dem Sofa sind zwei kleine **Kissen**.

cut [kʌt]
1. to divide something, or make a hole in something, with a knife or a pair of scissors
(schneiden):
*Aunt Molly is **cutting** the cake into slices.*
Tante Molly **schneidet** den Kuchen in Scheiben.

2. to make something shorter by cutting it (schneiden):
*The hairdresser **cut** Rita's hair.*
Der Friseur **schnitt** Ritas Haar.
3. to hurt yourself with something sharp that you lose blood
(sich schneiden): *Peter **cut** his finger on a broken glass.*
Peter **schnitt sich** an einem zerbrochenen Glas den Finger.

cycle ['saɪkl]
to ride a bicycle
(mit dem Rad fahren):
*Bobby **cycles** to school.* Bobby **fährt mit dem Rad** zur Schule.

cymbal ['sɪmbl]
a musical instrument that looks like a metal plate (das Becken):
*You strike a pair of **cymbals** together.* Man schlägt zwei **Becken** zusammen.

?

Which word on these two pages is the name for a baby lion?

Dd

daffodil ['dæfədɪl]
a yellow flower in the shape of a trumpet with long thin leaves (die Osterglocke, die Narzisse): *Uncle Tom grows **daffodils** and tulips in his garden.* Onkel Tom hat in seinem Garten **Osterglocken** und Tulpen angepflanzt.

daily ['deɪlɪ]
every day (täglich): *Mrs Lee does her shopping **daily** in the supermarket.* Frau Lee kauft **täglich** im Supermarkt ein.

daisy ['deɪzɪ]
a small flower with a yellow centre and white or orange petals (das Gänseblümchen): *There are a lot of **daisies** growing in the park.* Im Park wachsen viele **Gänseblümchen**.

dance [dɑːns]
to move around to music (tanzen): *Jenny and Peter are **dancing** to the music.* Jenny und Peter **tanzen** zu der Musik.

danger ['deɪndʒə]
trouble that might be coming (die Lebensgefahr; die Gefahr): *The sign says "**Danger**, keep out!".* Auf dem Schild steht "Zutritt verboten, **Lebensgefahr**!"

dangerous ['deɪndʒərəs]
able to hurt you; not safe (gefährlich): *It is **dangerous** to cross the street without looking.* Es ist **gefährlich** ohne zu schauen über die Straße zu gehen.

dark [dɑːk]
1. with not enough light to see things (dunkel): *It is getting **dark** and Paul is using his torch to find his way to the tent.* Es wird **dunkel** und Paul nimmt seine Taschenlampe um den Weg zum Zelt zurückzufinden.

2. not light in colour; nearer to black than white (dunkel): *Dave has **dark** brown hair.* Dave hat **dunkel**braune Haare.

dart [dɑːt]
a small thing like a short arrow (der Wurfpfeil): *In the game of "darts" you throw **darts** at a round piece of wood with numbers on it.* In dem Spiel "Darts" wirft man **Wurfpfeile** gegen eine runde Holzscheibe mit Zahlen darauf.

date [deɪt]
what day it is, in what month and in what year (das Datum): *The **date** on the letter is 24 May 1998.* Das **Datum** auf dem Brief ist der 24. Mai 1998.

daughter ['dɔːtə]
a female child (die Tochter): *Polly is the youngest **daughter** of Mrs Lee.* Polly ist die jüngste **Tochter** von Frau Lee.

day [deɪ]
1. the 24 hours from one midnight to the next midnight (der Tag): *Sunday is the first **day** of the week.* Der Sonntag ist der erste **Tag** der Woche.
2. the time when it is light (der Tag): *My hamster sleeps all **day** and wakes up in the evening.* Mein Hamster schläft den ganzen **Tag** über und wacht abends auf.

dead [ded]
no longer living; not alive (tot): *The bird is **dead** – it was killed by a cat.* Der Vogel ist **tot** - er wurde von einer Katze getötet.

deaf [def]
not able to hear (taub): *Mr Brown is getting **deaf**, so Harry has to shout when he is talking to him.* Herr Brown wird allmählich **taub**, so dass Harry schreien muss, wenn er mit ihm spricht.

decorate ['dekəreɪt]
1. to make something more beautiful by adding something to it (schmücken; dekorieren): *Mum **decorated** the table with flowers and candles.* Mama **schmückte** den Tisch mit Blumen und Kerzen.
2. to put paint or wallpaper on the walls of a room (streichen; tapezieren): *Our classroom was newly **decorated** during the holidays.* In den Ferien wurde unser Klassenzimmer neu **gestrichen**.

deep [diːp]
1. going down a long way; not shallow (tief): *The water is very* ***deep****.* Das Wasser ist sehr **tief**.
2. low; not high (tief):
Mr Lee has a ***deep*** *voice.*
Herr Lee hat eine **tiefe** Stimme.

deer [dɪə]
a large wild animal that eats grass; male deer have large horns called antlers (der Hirsch):
There are ***deer*** *in Richmond Park.*
Im Richmond Park gibt es **Hirsche**.

delicious [dɪ'lɪʃəs]
having a very nice taste (köstlich, lecker):
We had fresh strawberries and cream — it was ***delicious****!*
Wir hatten frische Erdbeeren mit Sahne — es war **lecker**!

deliver [dɪ'lɪvə]
to bring something to someone's house (liefern, bringen):
This morning the postman ***delivered*** *a parcel for Linda.*
Heute Morgen hat der Postbote ein Paket für Linda **gebracht**.

den [den]
the home of a wild animal, such as a lion, wolf or fox
(die Höhle; das Versteck):
The cubs played in the lion's ***den****.*
Die Löwenjungen spielten in dem **Versteck**.

dentist ['dentɪst]
a person whose job it is to look after your teeth
(der Zahnarzt/die Zahnärztin):
Toby went to the ***dentist*** *because he had toothache.*
Toby ging zum **Zahnarzt**, weil er Zahnschmerzen hatte.

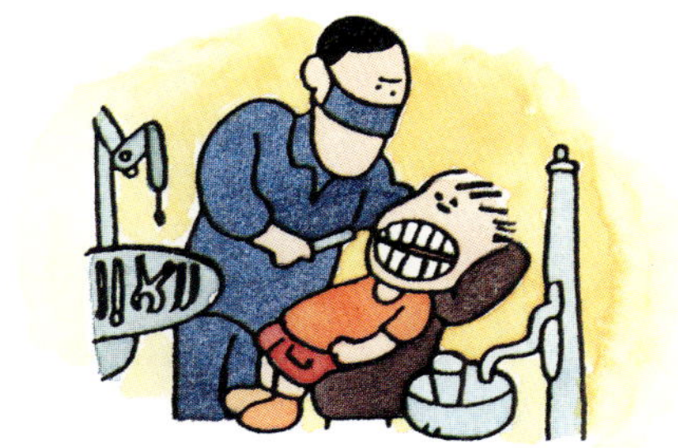

desert ['dezət]
a large piece of land that is very dry and often covered with sand
(die Wüste):
Not many plants can grow in the ***desert*** *because there is very little rain.*
In der **Wüste** können nicht viele Pflanzen leben, weil es dort nur sehr selten regnet.

desk [desk]
a table for writing
(der Schreibtisch):
The pupils sit at their ***desks****.*
Die Schüler sitzen an ihren **Schreibtischen**.

dessert [dɪ'zɜːt]
something sweet, such as a pudding or fruit, that you eat at the end of a meal
(der Nachtisch):
We are having fruit salad ***for dessert****.*
Zum Nachtisch gibt es bei uns heute Obstsalat.

dice [daɪs]
a small thing made of wood or plastic that has from one to six spots on each of its six sides and is used in some games
(der Würfel):
In this game you ***throw the dice*** *first to see who will start.*
In diesem Spiel **würfelt** man zuerst um zu sehen wer anfängt.

dictionary ['dɪkʃənrɪ]
a book that has words in the order of the alphabet and that tells you what they mean
(das Wörterbuch):
If you don't understand a word, look it up in your ***dictionary****.*
Wenn du ein Wort nicht verstehst, dann schau es in deinem **Wörterbuch** nach.

die [daɪ]
to stop living; to become dead
(sterben): *The old bear* ***died****.*
Der alte Bär **starb**.

different ['dɪfrənt]
not the same (anders):
A leopard looks ***different from*** *a tiger.* Ein Leopard sieht **anders** aus **als** ein Tiger.

?

Do you eat a desert or a dessert after a meal?

____

difficult ['dɪfɪkəlt]
hard to do; hard to understand; not easy
(schwierig, schwer):
*The problem was so **difficult** that nobody knew the answer.*
Die Frage war so **schwierig**, dass niemand die Antwort wusste.

dig [dɪg]
to make a hole in the ground
(graben):
*The gardener is **digging** a hole so that he can plant the tree.*
Der Gärtner **gräbt** ein Loch, damit er den Baum einpflanzen kann.

dining-room ['daɪnɪŋ ru:m]
a room that is used for eating in
(das Esszimmer):
*We have a large round table and six chairs in our **dining-room**.*
Wir haben einen großen runden Tisch und sechs Stühle im **Esszimmer**.

dinosaur ['daɪnəsɔ:]
a large animal of many different kinds that lived many thousand years ago
(der Dinosaurier):
*We saw the huge bones of a **dinosaur** in the museum.*
Wir sahen die riesengroßen Knochen eines **Dinosauriers** im Museum.

dirty [dɜ:tɪ]
not clean (dreckig, schmutzig):
*Dick's hands are very **dirty** because he cleaned his bicycle.*
Dicks Hände sind sehr **dreckig**, weil er sein Fahrrad geputzt hat.

dish [dɪʃ]
1. a plate or bowl in which food is brought to the table
(die Schüssel; die Schale):
*Mum put the fried chicken on a large **dish**.* Mama gab das Brathähnchen auf eine große **Schale**.

2. food prepared for eating
(das Gericht):
*What is your favourite **dish**?*
Was ist dein Lieblings**gericht**?

disturb [dɪ'stɜ:b]
to stop someone when they are busy or asleep (stören):
*Don't **disturb** Dad, please.* **Stör** jetzt bitte nicht Papa.

dive [daɪv]
to go into water with your head first (hineinspringen): *Bobby is **diving** into the swimming pool.*
Bobby **springt** in das Schwimmbecken **hinein**.

divide [dɪ'vaɪd]
to separate into smaller parts; to share (teilen; verteilen):
*Mrs Lee **divided** the cake into eight pieces.*
Frau Lee **teilte** den Kuchen in acht Stücke.

do [du:]
to carry out some action
(machen):
*Harry is **doing** his homework.*
Harry **macht** gerade seine Hausaufgaben.

doctor ['dɒktə]
a person whose job it is to look after ill people
(der Arzt/die Ärztin):
*The **doctor** is listening to Andy's heart.*
Der **Arzt** hört Andys Herz ab.

dog [dɒg]
an animal that is kept as a pet or used to guard something
(der Hund):
*Our **dog** wags his tail when he is happy.*
Unser **Hund** wedelt mit dem Schwanz, wenn er glücklich ist.

doll [dɒl]
a toy in the shape of a small girl or boy or person (die Puppe):
*Sandra has a **doll** that looks like a guard.* Sandra hat eine **Puppe**, die wie ein alter Soldat aussieht.

dollar ['dɒlə]
money in America, Canada, Australia, Singapore and other countries (der Dollar):
*This shirt costs ten **dollars** ($10).*
Dieses Hemd kostet zehn **Dollar**.

donkey ['dɒŋkɪ]
a grey or brown animal with long ears that is like a small horse (der Esel):
*The **donkey** suddenly stopped and didn't want to move any more.*
Der **Esel** blieb plötzlich stehen und wollte nicht mehr weiterlaufen.

door [dɔː]
a large, flat piece of wood for closing the entrance to a house, room or cupboard (die Tür):
*Please close the kitchen **door**.*
Mach bitte die Küchen**tür** zu.

dot [dɒt]
a small round mark (der Tupfen, der Punkt):
*Kathy marked six red **dots** on the paper.*
Kathy malte sechs rote **Punkte** auf das Papier.

double-decker [dʌbl'dekə]
a bus that has two floors (der Doppeldecker):
*I like to sit upstairs in a **double-decker**.* Ich sitze in einem **Doppeldecker** gern oben.

doughnut ['dəʊnʌt]
a kind of small brown cake that is cooked in hot fat and then covered with sugar (der Berliner, der Krapfen):
*The **doughnut** is filled with raspberry jam.*
Der **Berliner** ist mit Himbeermarmelade gefüllt.

down [daʊn]
to the ground; towards or in a lower place; not up (herunter, nach unten; unten):
*Dick is going **down** the slide.*
Dick rutscht die Rutsche **herunter**.

downstairs [daʊn'steəz]
1. to a lower floor (nach unten):
*Sally is coming **downstairs**.*
Sally kommt **nach unten**.
2. on a lower floor (unten):
*The living-room and the kitchen are **downstairs** and the bedrooms and the bathroom are upstairs.*
Das Wohnzimmer und die Küche sind **unten** und die Schlafzimmer und das Bad sind oben.

drag [dræg]
to pull something heavy along the ground (schleifen, ziehen, schleppen):
*The two men are **dragging** the boat onto the beach.*
Die zwei Männer **ziehen** das Boot an den Strand.

dragon ['drægən]
a large animal that has wings, a long tail and claws and breathes fire (der Drachen):
*There are no real **dragons** – you only find them in stories and pictures.*
Es gibt keine echten **Drachen** - man findet sie nur in Märchen und auf Bildern.

dragonfly ['drægənflaɪ]
a brightly coloured insect with a long thin body and four wings (die Libelle):
*There are beautiful **dragonflies** near the pond.*
Am Teich gibt es wunderschöne **Libellen**.

drain [dreɪn]
a pipe that carries water away from a place (das Abflussrohr):
*The **drain** under the sink is blocked.*
Das **Abflussrohr** unter der Spüle ist verstopft.

draw [drɔː]
1. to make a picture with a pencil or crayons (malen):
*Paul is **drawing** his father.*
Paul **malt** seinen Vater.

2. to pull something (ziehen):
*The cart was **drawn** by a donkey.*
Der Wagen wurde von einem Esel **gezogen**.
3. to close or open curtains (zuziehen; aufziehen):
*Mum **drew** the curtains because she wanted the baby to sleep.*
Mama **zog** die Vorhänge **zu**, weil das Baby schlafen sollte.

?

Can you go downstairs in a double-decker?

____

drawer [drɔː]
a part of a desk or cupboard that can slide out and in
(die Schublade):
*Toby keeps his shirts in the bottom **drawer** of his **chest of drawers**.*
Toby bewahrt seine Hemden in der untersten **Schublade** seiner **Kommode** auf.

dream [driːm]
1. something that you see while you are asleep (der Traum):
*Last night I had a funny **dream**.*
Letzte Nacht hatte ich einen komischen **Traum**.
2. something that you often think about and that you wish would happen (der Traum):
*Paul's **dream** is to become a famous footballer.*
Pauls **Traum** ist es, einmal ein berühmter Fußballspieler zu werden.

dream [driːm]
1. to see things happening while you are asleep
(träumen):
*Sally **dreamt** that she was able to fly.*
Sally **träumte**, dass sie fliegen konnte.

2. to think about something and wish it would happen (träumen):
*Helen often **dreams of** becoming a pilot.*
Helen **träumt** oft **davon** einmal eine Pilotin zu werden.

dress [dres]
something that a girl or woman wears and that has a top and skirt in one piece; clothes
(das Kleid; die Kleidung):
*Rita has put on her new pink **dress**.*
Rita hat ihr neues rosa **Kleid** angezogen.

drink [drɪŋk]
to swallow a liquid (trinken):
*Billy **drank** two glasses of milk with his breakfast.*
Billy hat zwei Gläser Milch zum Frühstück **getrunken**.

drive [draɪv]
1. to make a car, bus or lorry move (fahren):
*Dad **drives** the car to work each morning.*
Papa **fährt** jeden Morgen mit dem Auto zur Arbeit.
2. to take someone in a car
(fahren):
*Mrs Lee **drove** her children to school this morning because it was raining.*
Frau Lee hat ihre Kinder heute morgen zur Schule **gefahren**, weil es regnete.

driver ['draɪvə]
a person who drives a car, bus or lorry
(der/die Fahrer/in):
*Peter's uncle is a taxi-**driver**.*
Peters Onkel ist ein Taxi**fahrer**.

drop [drɒp]
1. to let something fall
(fallen lassen):
*Linda **dropped** an egg.*
Linda **ließ** ein Ei **fallen**.

2. to fall (fallen): *The ripe pears **dropped** from the tree.* Die reifen Birnen **fielen** vom Baum.

drop [drɒp]
a tiny ball of liquid (der Tropfen):
*Dave added just a few **drops** of milk to his coffee.*
Dave gab nur ein paar **Tropfen** Milch in seinen Kaffee.

drown [draʊn]
to sink in water and die
(ertrinken):
*Most animals can swim and don't **drown** when they fall into water.*
Die meisten Tiere können schwimmen und **ertrinken** nicht, wenn sie ins Wasser fallen.

drum [drʌm]
a round musical instrument that you hit with sticks or with your hands (die Trommel): *Toby likes to beat his **drum**.* Toby trommelt gern auf seiner **Trommel** herum.

dry [draɪ]
1. not wet (trocken):
*The ground is very **dry**.*
Der Boden ist sehr **trocken**.
2. to make something dry; to become dry
(trocknen; abtrocknen):
*Andy is **drying** his hands.*
Andy **trocknet** sich die Hände **ab**.

duck [dʌk]
a water-bird with short legs, a short neck and a broad, flat beak (die Ente):
***Ducks** can swim, dive and fly.*
Enten können schwimmen, tauchen und fliegen.

duckling [ˈdʌklɪŋ]
a baby duck (das Entlein):
*This little **duckling** is looking for its mother.* Das kleine **Entlein** such seine Mutter.

dull [dʌl]
1. not interesting (langweilig):
*I don't like this film – it is **dull**.*
Ich mag diesen Film nicht - er ist **langweilig**.
2. not bright (trüb, grau):
*The weather is **dull** when the sun isn't shining.*
Das Wetter ist **trüb**, wenn die Sonne nicht scheint.

dumb [dʌm]
not able to speak (stumm):
*Some children are born **deaf and dumb**.* Einige Kinder kommen **taubstumm** zur Welt.

dust [dʌst]
to wipe a kind of dirty powder, called **dust**, off furniture and other things (abstauben):
*Mum is **dusting** the table.*
Mama **staubt** den Tisch **ab**.

dustbin [ˈdʌstbɪn]
a large round container that you put rubbish in (die Mülltonne):
*Patrick is throwing the rubbish into the **dustbin**.*
Patrick wirft den Abfall in die **Mülltonne**.

duster [ˈdʌstə]
cloth that you use for dusting (das Staubtuch):
*Mum is cleaning the cupboard with a **duster**.*
Mama wischt den Schrank mit einem **Staubtuch** ab.

dwarf [dwɔːf]
a very small person that you find in stories or fairy tales (der Zwerg):
*This **dwarf** has a long white beard and is wearing a red pointed hat.*
Dieser **Zwerg** hat einen langen weißen Bart und trägt eine rote Zipfelmütze.

Ee

eagle [ˈiːgl]
a very large bird that eats small animals (der Adler):
*Some **eagles** build their nests on high rocks.*
Einige **Adler** bauen ihre Nester auf hohen Felsen.

ear [ɪə]
the part of your head that you hear with (das Ohr):
*An elephant has large **ears**.*
Ein Elefant hat große **Ohren**.

early [ˈɜːlɪ]
before the time that was arranged; not late (früh):
*Bob has arrived too **early** – the shops aren't open yet.*
Bob ist zu **früh** da - die Läden haben noch nicht geöffnet.

earring [ˈɪərɪŋ]
a piece of jewellery that girls and women fix to their ears (der Ohrring):
*Kathy wears golden **earrings**.*
Kathy trägt goldene **Ohrringe**.

? Do you keep earrings in a drawer or a dustbin?

____

earth [ɜːθ]
1. the planet on which we live (die Erde):
*The **earth** takes one year to go round the sun.*
Die **Erde** braucht ein Jahr um die Sonne zu umrunden.

2. something brown that plants grow in; soil (die Erde):
*Dogs like to dig in the **earth**.*
Hunde graben gern in der **Erde**.

easy ['iːzɪ]
not difficult (leicht, einfach):
*It doesn't take long to learn how to ride a bicycle – it's quite **easy**.*
Es dauert nicht lang Rad fahren zu lernen - es ist ganz **leicht**.

eat [iːt]
to chew and swallow food - people and animals eat (essen; fressen):
*Norman is **eating** a piece of toast and a soft-boiled egg for breakfast.*
Norman **isst** gerade eine Scheibe Toast und ein weich gekochtes Ei zum Frühstück.

edge [edʒ]
1. the side of something (die Kante; der Rand):
*Peter knocked his head against the **edge** of the table.*
Peter schlug den Kopf gegen die Tisch**kante**.
2. the cutting side of something sharp (die Schneide):
*The **edge** of this knife is very sharp.* Dieses Messer hat eine sehr scharfe **Schneide**.

egg [eg]
1. a rounded thing with a shell that is laid by a female bird (das Ei):
*There are four **eggs** in the nest.*
In dem Nest sind vier **Eier**.
2. an egg that is laid by a hen and used as food (das Ei):
*We had fried **eggs** and toast for lunch.*
Wir aßen Spiegel**eier** und Toastbrot zum Mittagessen.

elbow ['elbəʊ]
the part where your arm bends in the middle (der Ellbogen):
*Toby pushed Paul with his **elbow**.*
Toby schubste Paul mit dem **Ellbogen**.

elephant ['elɪfənt]
a very large animal that lives in Africa or India and has a thick grey skin, a long trunk, large ears and two tusks (der Elefant):
***Elephants** only eat grass and leaves.*
Elefanten fressen nur Gras und Blätter.

empty ['emptɪ]
with nothing inside; not full (leer):
*Norman's plate is **empty**.*
Normans Teller ist **leer**.

end [end]
the last part (das Ende):
*The bell rings at the **end** of every lesson.* Die Klingel läutet am **Ende** jeder Schulstunde.

engine ['endʒɪn]
1. a machine that makes a car and other vehicles move (der Motor):
*Dad is trying to start the **engine** but something is wrong with it.*
Papa versucht den **Motor** zu starten, aber etwas stimmt mit ihm nicht.
2. a large vehicle that pulls a train (die Lokomotive, die Lok):
*Mike's father is an **engine**-driver.*
Mikes Vater ist **Lokomotiv**führer.

enjoy [ɪn'dʒɔɪ]
to like something very much; to have fun doing something (gern tun, genießen):
*We **enjoy** swimming in the lake.*
Wir schwimmen **gern** im See.

enough [ɪ'nʌf]
as much as you need (genug):
*Tim is tall **enough** to reach the books on the top shelf.*
Tim ist groß **genug** um die Bücher im obersten Regal zu erreichen.

enter ['entə]
to come into a place (hineinkommen in):
*The burglar **entered** the house through an open window.* Der Einbrecher **kam** durch ein offenes Fenster **in** das Haus **hinein**.

entrance ['entrəns]
the way into a place; a door or gate (der Eingang):
*Where is the **entrance** to the zoo?*
Wo ist der **Eingang** zum Zoo?

envelope ['envələʊp]
the paper cover that you put a letter into (der Briefumschlag):
*Helen wrote Rita's address on the **envelope** and put a stamp on it.*
Helen schrieb Ritas Adresse auf den **Umschlag** und klebte noch eine Briefmarke darauf.

equal ['i:kwəl]
1. the same in size or number (gleich): *The two classes are **equal in number**.* Die beiden Klassen sind **gleich groß**.
2. to be the same as (gleich sein): *Two times three **equals** six.* Zwei mal drei **ist gleich** sechs.

escalator ['eskəleɪtə]
a moving staircase (die Rolltreppe): *These three people are going up on an **escalator**.* Diese drei Leute fahren mit der **Rolltreppe** nach oben.

escape [ɪ'skeɪp]
to get away (ausbrechen; fliehen): *The monkey has **escaped** from its cage.* Der Affe ist aus seinem Käfig **ausgebrochen**.

evening ['i:vnɪŋ]
the part of the day between the afternoon and the night (der Abend): *We often watch a film **in the evening**.* **Am Abend** sehen wir uns oft einen Film an.

everyone ['evrɪwʌn]
all the people (jeder, alle): ***Everyone** loves to have a holiday.* **Jeder** hat gern Urlaub.

everything ['evrɪθɪŋ]
all the things (alles): *Bob put **everything** into the cupboard.* Bob steckte **alles** in den Schrank..

exciting [ɪk'saɪtɪŋ]
very interesting (spannend): *Mike can't stop reading because his book is so **exciting**.* Mike kann nicht aufhören zu lesen, weil sein Buch so **spannend** ist.

excuse [ɪk'skju:z]
1. to say that someone does not have to do something (entschuldigen; befreien): *Jane is **excused** from sports because she hurt her ankle.* Jane ist vom Sport **befreit**, weil sie den Knöchel verletzt hat.
2. you say "excuse me" when you want someone to listen to you or when you are sorry for something (Entschuldigung!): ***Excuse me!** Is this your dog?* **Entschuldigung**! Ist das Ihr Hund?

exercise ['eksəsaɪz]
1. a number of movements that you do to make your body fit and strong (die Bewegung): *Norman needs more **excercise**.* Norman braucht mehr **Bewegung**.
2. written work that you do to learn something (die Aufgabe): *The pupils have to do **exercises** 1 and 2 for homework.* Die Schüler müssen die **Aufgaben** 1 und 2 als Hausaufgabe machen.

expensive [ɪk'spensɪv]
costing a lot of money; not cheap (teuer): *Dad bought a big new car – it was very **expensive**.* Papa kaufte ein großes neues Auto - es war sehr **teuer**.

explain [ɪk'spleɪn]
1. to make something easy to understand (erklären): *The teacher **explained** to the children how to do the exercise.* Der Lehrer **erklärte** den Schülern wie sie die Aufgabe lösen sollten.
2. to say why you do something, or why something happens (erläutern; erklären): *Harry **explained** why he was wearing a bandage round his arm.* Harry **erklärte**, warum er einen Verband um den Arm trug.

eye [aɪ]
the part of your head that you see with (das Auge): *Rita has beautiful brown **eyes**.* Rita hat schöne braune **Augen**.

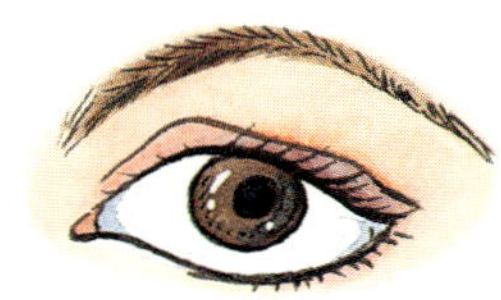

eyebrow ['aɪbraʊ]
hair above your eye (die Augenbraue): *My uncle has bushy **eyebrows**.* Mein Onkel hat buschige **Augenbrauen**.

eyelash ['aɪlæʃ]
one of the hairs that grow along the edge of your eyelid (die Wimper): *Rita has beautiful long **eyelashes**.* Rita hat schöne lange **Wimpern**.

eyelid ['aɪlɪd]
the piece of skin that covers your eye when you close it (das Augenlid): *Mrs Lee put blue eye-shadow on her **eyelids**.* Frau Lee gab blauen Lidschatten auf die **Augenlider**.

?

Can you enter through an entrance?

Ff

face [feɪs]
the front of your head where your eyes, nose and mouth are (das Gesicht):
*Rita is looking at her **face** in the mirror.* Rita schaut sich ihr **Gesicht** im Spiegel an.

fail [feɪl]
not to pass a test (durchfallen):
*Tim **failed** his English exam.*
Tim **fiel** in der Englischprüfung **durch**.

fair [feə]
1. treating everyone the same; being right (gerecht, fair):
*It's not **fair** that Norman has got more ice-cream than me.*
Es ist nicht **fair**, dass Norman mehr Eis als ich bekommen hat.
2. light-coloured; not dark (hell):
*Kathy has **fair** hair.*
Kathy hat **helle** Haare.

fairy ['feərɪ]
a tiny girl with wings who can do magic (die Fee):
*You find **fairies**, dwarfs, dragons, witches and magicians in **fairy tales**.*
Feen, Zwerge, Drachen, Hexen und Zauberer gibt es in **Märchen**.

fall [fɔːl]
to move quickly downwards (fallen):
*Billy tripped over a stone and **fell** on his hands and knees.*
Billy stolperte über einen Stein und **fiel** auf seine Hände und Knie.

family ['fæmɪlɪ]
parents and their children (die Familie): *This is a picture of Bob's **family**.* Das ist ein Bild von Bobs **Familie**.

famous ['feɪməs]
known to many people (berühmt):
*Hollywood is **famous** for the movies that have been made there.*
Hollywood ist für die Filme, die dort gedreht wurden, **berühmt**.

fan [fæn]
1. a thin, flat thing that you wave in front of your face to keep cool in hot weather (der Fächer):
*Aunt Molly has a beautifully painted **fan**.* Tante Molly hat einen schönen bemalten **Fächer**.
2. a machine with parts that turn round very fast and make a room cooler (der Ventilator):
*Polly stood in front of the **fan** to get some cool air.*
Polly stellte sich vor den **Ventilator** um etwas kühle Luft zu abzubekommen.

far [fɑː]
1. a long way away; not near (weit):
*It is too **far** for me to walk from my house to school.*
Es ist zu **weit** für mich von zu Hause bis zur Schule zu laufen.
2. very much (weit, viel):
*I like ice-cream **far** better than lollipops.*
Ich mag Eis **viel** lieber als Lutscher.

farm [fɑːm]
a place that is used for growing food and keeping animals, such as cows, pigs and hens (der Bauernhof; Bauern-):
*There is a **farm**house on the **farm** where the farmer and his family live.* Auf dem **Bauernhof** steht ein **Bauern**haus, wo der Bauer und seine Familie wohnt.

farmer ['fɑːmə]
a person who owns a farm (der Bauer/die Bäuerin):
*The **farmer** is driving his tractor across the field.*
Der **Bauer** fährt seinen Traktor über das Feld.

fast [fɑːst]
1. quick; quickly (schnell):
*Mr Smiley drives very **fast**.*
Herr Smiley fährt sehr **schnell**.
2. showing a time that is later than the correct time; not slow (vorgehen):
*My watch is one minute **fast**.*
Meine Uhr **geht** eine Minute **vor**.

fat [fæt]
1. large, heavy and round in shape; not thin (dick, fett):
*Norman is **fat** because he eats too much.*
Norman ist **dick**, weil er zu viel isst.
2. something that is used for cooking, such as butter or oil (das Fett):
*Fish is often fried in hot **fat**.*
Fisch wird oft in heißem **Fett** gebraten.

father [ˈfɑːðə]
a man who has children; a male parent (der Vater):
*Mandy's **father** is a fireman.*
Mandys **Vater** ist Feuerwehrmann.

favourite [ˈfeɪvrɪt]
liked best of all (Lieblings-):
*Which is your **favourite** animal in the zoo?* Welches ist dein **Lieblings**tier im Zoo?

feather [ˈfeðə]
one of the soft, light things that cover a bird's body (die Feder):
*This white **feather** is from a swan.*
Diese weiße **Feder** ist von einem Schwan.

feed [fiːd]
to give food to a baby or an animal (füttern):
*Sally **feeds** her cat every morning.*
Sally **füttert** jeden Morgen ihre Katze.

feel [fiːl]
1. to have a feeling (sich fühlen):
*Sandra went to bed early because she **felt** very tired.*
Sandra ging früh ins Bett, weil sie **sich** sehr müde **fühlte**.
2. to find out what something is like by touching it with your hands (fühlen; befühlen):
***Feel** how soft and smooth the rabbit's fur is.*
Fühl mal wie weich und glatt das Fell des Kaninchens ist.

female [ˈfiːmeɪl]
of a woman or a girl; of an animal that can have babies; of a bird, fish or insect that can lay eggs (weiblich):
*A **female** cat is called a she-cat and a male cat is called a tomcat.*
Eine **weibliche** Katze heißt Katze und eine männliche Katze heißt Kater.

fence [fens]
something made of wood or wire that stops people or animals getting in or out of a piece of land (der Zaun):
*Mr Smiley is putting a **fence** around his garden.*
Herr Smiley baut einen **Zaun** um seinen Garten herum.

fern [fɜːn]
a plant with fine leaves like feathers and no flowers (der Farn):
*There are lots of different kinds of **fern**.* Es gibt viele verschiedene Arten von **Farnen**.

ferry [ˈferɪ]
a large boat that takes people and vehicles across a river or narrow bit of sea (die Fähre):
*This **ferry** is carrying a lot of people and cars to the island.*
Diese **Fähre** transportiert viele Leute und Autos auf die Insel.

fetch [fetʃ]
to go and bring something or someone (holen; abholen): *The dog **fetched** the stick for Bob.* Der Hund **holte** für Bob den Stock.

?

Do you have a father or a feather in a family?

few [fjuː]
1. not many (wenige):
There are only ***few*** *plants in a desert.* In der Wüste gibt es nur **wenige** Pflanzen.
2. some (ein paar):
Andy ate only ***a few*** *biscuits – Norman ate all the others.*
Andy aß nur **ein paar** Kekse - Norman aß all die anderen.

field [fiːld]
1. a large piece of land that is used for growing food or keeping animals
(das Feld; die Wiese; die Weide):
There are a lot of sheep in the ***field****.*
Auf der **Wiese** sind viele Schafe.
2. a piece of land covered with grass that is used for playing games (der Platz):
The boys played football on the ***field*** *next to the school.*
Die Jungen spielten auf dem **Platz** neben der Schule Fußball.

fierce [fɪəs]
very angry; ready to attack
(wild; bissig):
This lion looks very ***fierce****.*
Dieser Löwe sieht sehr **wild** aus.

fight [faɪt]
to attack each other
(kämpfen; raufen, sich prügeln):
These two boys are ***fighting*** *each other.*
Diese beiden Jungen **prügeln sich**.

fill [fɪl]
to make something full (füllen):
Andy is ***filling*** *the pool with water.* Andy **füllt** das Becken mit Wasser.

film [fɪlm]
1. moving pictures that are shown on television or at a cinema (der Film):
I don't want to watch this ***film*** *because I have already seen it.*
Ich möchte den **Film** nicht anschauen, weil ich ihn schon einmal gesehen habe.
2. a roll of thin plastic on which photographs are taken (der Film):
Dave put a new ***film*** *into his camera.* Dave legte einen neuen **Film** in seinen Fotoapparat.

find [faɪnd]
1. to get what you have been looking for (finden):
Rita cannot ***find*** *her pen.*
Rita kann ihren Füller nicht **finden**.
2. to get something without looking for it (finden):
Mandy ***found*** *a coin on the pavement.* Mandy **fand** eine Münze auf dem Gehweg.

finger ['fɪŋgə]
one of the five parts of your hand (der Finger):
Mrs Lee has cut her ***finger****.*
Frau Lee hat sich in den **Finger** geschnitten.

finish ['fɪnɪʃ]
1. to bring to an end; to come to an end (fertig sein mit; aufhören):
Have you ***finished*** *reading your new book yet?* Hast du dein Buch schon **fertig** gelesen?
2. to eat or drink the last of something (aufessen; austrinken): *Tim cannot* ***finish*** *the ice-cream.* Tim kann das Eis nicht **aufessen**.

fire ['faɪə]
1. something that is burning (das Feuer):
The hay caught ***fire****.*
Das Heu fing **Feuer**.
2. a pile of wood that is burning to give heat (das Feuer):
The men collected some dry wood and lit a ***fire*** *to keep warm.*
Die Männer sammelten trockenes Holz und machten ein **Feuer** um sich aufzuwärmen.

fire engine ['faɪə endʒɪn]
a large vehicle that carries firemen and all the things that are needed for putting out a fire (das Feuerwehrauto):
A ***fire engine*** *has just arrived at the burning house.*
Ein **Feuerwehrauto** ist gerade vor dem brennenden Haus angekommen.

fireman ['faɪəmən]
a man whose job it is to put out fires (der Feuerwehrmann):
This ***fireman*** *is running towards the fire with a hose.*
Dieser **Feuerwehrmann** rennt mit einem Schlauch zu dem Feuer.

fireworks ['faɪəwɜːks]
a show of loud noises and many coloured lights that you can see in the sky when it is dark
(das Feuerwerk): *We watched the* ***fireworks*** *from our balcony.* Wir haben das **Feuerwerk** von unserem Balkon aus angeschaut.

first [fɜːst]
1. before all others (erste/r/s):
*English is our **first** lesson on Monday mornings.*
Englisch ist unsere **erste** Stunde montagmorgens.
2. before doing anything else (zuerst):
*I wash my hands **first** and then I eat something.*
Ich wasche meine Hände **zuerst** und esse dann etwas.

fish [fɪʃ]
1. an animal that lives in the water and breathes through openings on the side of its head (der Fisch):
*Peter likes to eat **fish**.*
Peter isst gern **Fisch**.

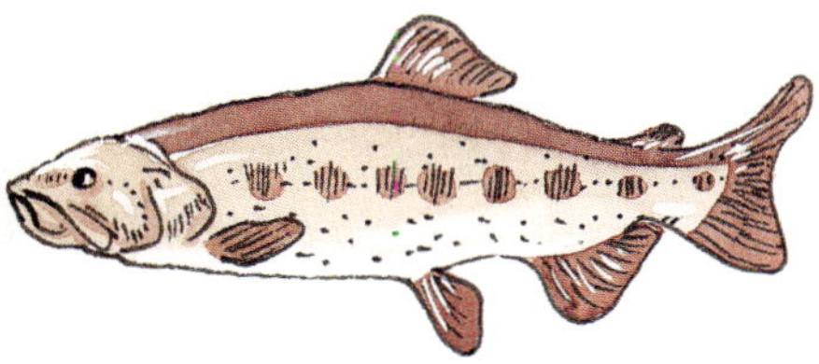

2. to catch fish (fischen; angeln):
*Tim often goes **fishing** with his dad.* Tim geht oft mit seinem Papa **angeln**.

fisherman [ˈfɪʃəmən]
a man whose job it is to catch fish (der Fischer):
*The two **fishermen** caught a lot of fish in the net.*
Die beiden **Fischer** haben in dem Netz viele Fische gefangen.

fishing [ˈfɪʃɪŋ]
the catching of fish (das Fischen; das Angeln):
***Fishing** is one of Dad's hobbies.*
Angeln ist eines von Papas Hobbys.

fix [fɪks]
1. to join something to something else (festmachen, befestigen):
*Peter **fixed** a bell to his bicycle.*
Peter **machte** eine Klingel an seinem Fahrrad **fest**.
2. to repair (reparieren):
*Mrs Lee knows how to **fix** vacuum cleaners.* Frau Lee weiß, wie man einen Staubsauger **repariert**.

flag [flæg]
a piece of cloth that can be fixed to a pole and that is used as a sign of something (die Fahne; die Flagge):
*There is a **flag** in front of the hotel.*
Vor dem Hotel weht eine **Fahne**.

flame [fleɪm]
the bright light that leaps up from something burning (die Flamme):
*There was a lot of smoke and high **flames** coming out of the burning house.* Aus dem brennenden Haus kamen Rauchwolken und hohe **Flammen**.

flat [flæt]
1. not high (flach):
*Rita always wears **flat** shoes.*
Rita trägt immer **flache** Schuhe.
2. smooth (eben):
*A table-top is **flat**.*
Eine Tischplatte ist **eben**.
3. having lost all its air (platt):
*Peter mended the **flat** tyre.*
Peter flickte den **platten** Reifen.
4. a set of rooms on one floor of a building (die Wohnung):
*Mr Brown lives in a **flat** on the second floor of a **block of flats**.*
Herr Brown wohnt in einer **Wohnung** im zweiten Stock eines **Wohnblocks**.

flesh [fleʃ]
1. the muscles and fat that cover the bones of people, animals, birds and fish (das Fleisch):
*Pork is the **flesh** of dead pigs.*
Schweinefleisch ist das **Fleisch** toter Schweine.
2. the soft part of fruit (das Fruchtfleisch):
*The **flesh** of mangoes is sweet and juicy.*
Das **Fruchtfleisch** von Mangos ist süß und saftig.

float [fləʊt]
1. to move slowly on water; not to sink (treiben):
*Sandra is letting herself **float** on the water.*
Sandra lässt sich im Wasser **treiben**.

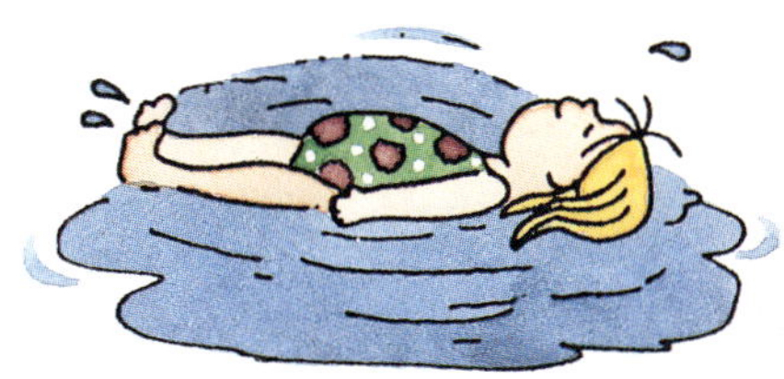

2. to move slowly through the air (schweben):
*The balloons are **floating** in the air.* Die Luftballons **schweben** in der Luft.

?

Do firemen work at fireworks?

A B C D E F G H I J K L M N O P Q R S T U V W X Y Z

flood [flʌd]
to cover a place with a lot of water (überfluten):
*Andy left the tap on and **flooded** the bathroom.* Andy ließ den Wasserhahn aufgedreht und **überflutete** das Badezimmer.

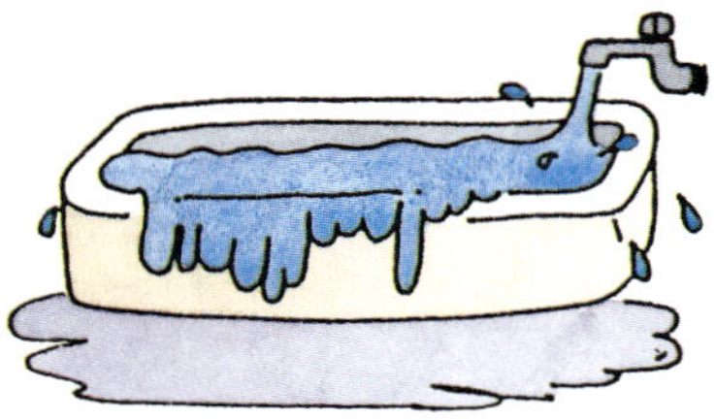

floor [flɔː]
1. the flat part of a room that you stand on (der Fußboden):
*Norman and Paul are lying on the **floor**.*
Norman und Paul liegen auf dem **Fußboden**.
2. a part of a building (das Stockwerk, der Stock):
*There are twenty **floors** in this block of flats.* Dieser Wohnblock hat zwanzig **Stockwerke**.

flow [fləʊ]
to move along in the way that water does (fließen):
*The river **flows** into the sea.*
Der Fluss **fließt** in das Meer.

flower ['flaʊə]
the coloured part of a plant that grows on a stem (die Blume):
*Mandy gave her mother a bunch of **flowers** for her birthday.*
Mandy schenkte ihrer Mutter einen Strauß **Blumen** zu ihrem Geburtstag.

fly [flaɪ]
1. to move through the air; to travel in an aeroplane (fliegen):
*Mr Lee **flew** to Rome last week.*
Herr Lee **flog** letzte Woche nach Rom.
2. to make an aeroplane, helicopter or kite fly (fliegen; steigen lassen):
*The pilot **flies** the plane to Munich.*
Der Pilot **fliegt** das Flugzeug nach München.

foal [fəʊl]
a baby horse (das Fohlen):
*The **foal** is following its mother around the field.* Das **Fohlen** folgt seiner Mutter über die Weide.

fog [fɒg]
a thick cloud near the ground that makes it difficult to see anything (der Nebel):
*All drivers have to drive very carefully in **fog**.*
Bei **Nebel** müssen alle Autofahrer sehr vorsichtig fahren.

fold [fəʊld]
to bend one part of a piece of paper or cloth so that it covers another part (falten):
*Andy is **folding** a piece of paper.*
Andy **faltet** ein Blatt Papier.

follow ['fɒləʊ]
to go behind someone or something (folgen; nachlaufen):
*Harry's dog always **follows** him home from school.*
Harrys Hund **folgt** ihm immer nach der Schule bis nach Hause.

food [fuːd]
the things that people or animals eat (das Essen; das Futter):
*My favourite **food** is fried chicken.*
Mein Lieblings**essen** ist Brathähnchen.

foot [fʊt]
the part of your leg that you stand on (der Fuß):
*Dave has taken off his shoes because his **feet** hurt.*
Dave hat seine Schuhe ausgezogen, weil seine **Füße** weh tun.

football ['fʊtbɔːl]
1. a game between two teams of eleven players who kick a ball around a field (das Fußballspiel, der Fußball):
*The boys are playing **football**.*
Die Jungen spielen **Fußball**.
2. the ball that is used in this game (der Fußball):
*A good **football** is made of leather and filled with air.*
Ein guter **Fußball** ist aus Leder und mit Luft gefüllt.

forehead ['fɔːhed, 'fɒrɪd]
the part of your face above your eyebrows (die Stirn):
*This girl has a red mark on her **forehead**.*
Dieses Mädchen hat einen roten Fleck auf der **Stirn**.

forest ['fɒrɪst]
a large piece of land where a lot of trees and bushes grow (der Wald; der Forst):
*In a **forest** live many insects, birds and animals, such as mice, squirrels and foxes.*
Im **Wald** leben viele Insekten, Vögel und Säugetiere, wie z.B. Mäuse, Eichhörnchen und Füchse.

forget [fə'get]
not to remember (vergessen):
*Billy has **forgotten** to bring his pencil.* Billy hat **vergessen** seinen Bleistift mitzubringen.

fork [fɔːk]
a thing with three or four points that you use for lifting food to your mouth (die Gabel):
*Norman has picked up a sausage with his **fork**.*
Norman hat mit seiner **Gabel** eine Wurst aufgespießt.

fountain ['faʊntɪn]
a pool from which water shoots out (der Springbrunnen):
*In the park there is a large **fountain**.*
Im Park ist ein großer **Springbrunnen**.

fox [fɒks]
a wild animal that looks like a small dog with a long tail and a pointed face and ears (der Fuchs):
***Foxes** live in **foxholes** in the ground.*
Füchse leben in einem **Fuchsbau** unter der Erde.

free [friː]
1. not working; not busy (frei):
*I don't have any homework today, so I am **free** after school.*
Ich habe heute keine Hausaufgaben auf, also habe ich nach der Schule **frei**.
2. not in a cage or prison (frei):
*Linda opened the cage door and set **free** the bird.* Linda öffnete die Käfigtür und ließ den Vogel **frei**.

3. costing nothing (kostenlos, Frei-): *Peter got a **free** ticket for the zoo.* Peter hat eine **Frei**karte für den Zoo.

freeze [friːz]
1. to become hard because of cold (gefrieren): *When water **freezes** it becomes ice.* Wenn Wasser **gefriert** wird es zu Eis.

2. to make food very cold so that it will keep fresh for a long time (einfrieren):
*The kind of cupboard in which food can be **frozen** is called a **freezer**.* Eine Art Schrank, in dem Essen **eingefroren** werden kann, heißt **Gefrierschrank**.

fresh [freʃ]
1. just gathered; just made (frisch):
*Mum buys **fresh** fruit and vegetables at the market.*
Mama kauft auf dem Markt **frisches** Obst und Gemüse.
2. cool (frisch):
*Bobby went outside to get some **fresh** air.*
Bobby ging nach draußen um **frische** Luft zu schnappen.
3. not salty (Süß-):
*There is **fresh** water in lakes and rivers, but salt water in the sea.*
In Seen und Flüssen gibt es **Süß**wasser, aber im Meer Salzwasser.

friend [frend]
someone whom you know well and like very much (der Freund/die Freundin):
*Linda is Helen's best **friend**.*
Linda ist Helens beste **Freundin**.

frighten ['fraɪtn]
to make someone afraid (erschrecken; Angst machen):
*Linda was **frightened** by the big spider.* Die große Spinne **erschreckte** Linda.

frog [frɒg]
a small animal with slippery skin and long back legs that it uses for jumping (der Frosch):
*After the rain you can hear **frogs** croaking by the lake.*
Nach dem Regen kann man am See **Frösche** quaken hören.

?

Which animal has fur, a frog or a fox?

____

front [frʌnt]
1. not the back
(die Vorderseite; das Vorderteil):
*There is a small picture at the **front** of the letter.*
Auf der **Vorderseite** des Briefes ist ein kleines Bild.
2. not behind (vor):
*Polly is standing **in front of** Bob.*
Polly steht **vor** Bob.

frost [frɒst]
a coldness of weather when the ground is covered with very thin ice (der Frost):
*In winter there is often **frost** in the morning.* Im Winter gibt es morgens oft **Frost**.

frown [fraʊn]
to make your eyebrows come together when you are angry or worried (die Stirn runzeln):
*Bobby is **frowning** because he is worried about his sick dog.*
Bobby **runzelt die Stirn**, weil er sich Sorgen um seinen kranken Hund macht.

fruit [fruːt]
the part of a plant that has seeds or a stone and flesh that you can eat (die Frucht; das Obst):
*I like eating **fruit**.*
Ich esse gern **Obst**.

fry [fraɪ]
to cook food in hot fat (braten):
*Norman is **frying** two sausages in the **frying**-pan.*
Norman **brät** zwei Würste in der **Brat**pfanne.

full [fʊl]
1. having as much as possible inside (voll):
*The tank is **full** of water.*
Der Tank ist **voll** Wasser.
2. having had enough to eat or drink (satt):
*I am **full** – I can't eat any more.*
Ich bin **satt** - ich kann nichts mehr essen.

fun [fʌn]
what you have when you are enjoying yourself (der Spaß):
*We had great **fun** on the beach.*
Wir hatten viel **Spaß** am Strand.

funny ['fʌnɪ]
making you laugh
(lustig, komisch):
*The clown looks so **funny** that Patrick has to laugh.*
Der Clown sieht so **lustig** aus, dass Patrick lachen muss.

fur [fɜː]
the thick hair on an animal
(das Fell, der Pelz):
*Peter's rabbit has soft white **fur**.*
Peters Kaninchen hat ein weiches, weißes **Fell**.

furniture ['fɜːnɪtʃə]
things in a house, such as cupboards, beds, tables and chairs (das Möbel):
*At the **furniture** shop we looked at sofas, armchairs and lots of other **pieces of furniture**.*
Im **Möbel**geschäft sahen wir uns Sofas, Sessel und viele andere **Möbelstücke** an.

Gg

game [geɪm]
1. something that people do together for fun; a sport
(das Spiel):
*Dave, Bobby and Paul are playing the **game** "blind man's buff".*
Dave, Bobby und Paul spielen das **Spiel** "Blindekuh".
2. the playing of a game or sport
(... spielen; die Partie):
*Do you want a **game of** football?*
Möchtest du Fußball **spielen**?

garage ['gærɑːʒ]
1. a building where a car is kept
(die Garage):
*Our neighbours have a large **garage** for two cars.*
Unsere Nachbarn haben eine große **Garage** für zwei Autos.
2. a place where cars are repaired
(die Werkstatt):
*Mr Lee took his car to a **garage** to have it repaired.*
Herr Lee brachte sein Auto zur Reparatur in eine **Werkstatt**.

garden ['gɑːdn]
a piece of land beside a house, where flowers and other plants are grown (der Garten):
*Mrs Lee grows a lot of flowers in her **garden**.* Frau Lee hat in ihrem **Garten** viele Blumen.

gardener ['gɑːdnə]
a person whose job it is to work in a large garden or park
(der Gärtner/die Gärtnerin):
*The **gardener** is planting some flowers.* Der **Gärtner** pflanzt ein paar Blumen ein.

gas [gæs]
something like air that burns easily (das Gas, Gas-):
*This **gas** cooker burns **gas** that comes out of a large **gas** bottle.*
Dieser **Gas**herd verbrennt **Gas**, das aus einer großen **Gas**flasche kommt.

gate [geɪt]
an outside door in a wall or fence (das Tor; die Pforte):
*Paul cannot get into the park because the **gate** is locked.*
Paul kann nicht in den Park, weil das **Tor** abgeschlossen ist.

gather ['gæðə]
1. to come together in a group (sich versammeln):
*The children **gathered** around the magician.*
Die Kinder **versammelten sich** um den Zauberer.
2. to bring things together; to collect (sammeln; pflücken):
*Mr Brown is **gathering** apples from the trees.* Herr Brown **pflückt** Äpfel von den Bäumen.

gentle ['dʒentl]
behaving and talking in a kind and quiet way (sanft):
*You have to be very **gentle** with babies.*
Mit Babys muss man sehr **sanft** umgehen.

ghost [gəʊst]
the shape of someone who is dead that some people think they can see (der Geist, das Gespenst):
*Last night Peter put a large bedsheet over his head and played at being a **ghost**.*
Gestern Abend legte sich Peter ein großes Betttuch über den Kopf und tat so, als sei er ein **Gespenst**.

giant ['dʒaɪənt]
a very tall and strong man that you find in stories (der Riese):
*The **giant** was so strong that he could pull up trees with one hand.*
Der **Riese** war so stark, dass er mit einer Hand Bäume ausreißen konnte.

gift [gɪft]
something given; a present (das Geschenk):
*Kathy wrapped up the **gift** for her granny.* Kathy packte das **Geschenk** für ihre Oma ein.

giggle ['gɪgl]
to laugh quietly (kichern):
*The funny story made the children **giggle**.*
Die Kinder mussten **kichern**, weil die Geschichte so komisch war.

giraffe [dʒə'rɑːf]
a very tall animal with a very long neck and long legs that lives in Africa (die Giraffe):
*A **giraffe** eats leaves off tall trees.*
Eine **Giraffe** frisst von hohen Bäumen Blätter.

girl [gɜːl]
a female child (das Mädchen):
*Sandra is a six-year-old **girl**.*
Sandra ist ein sechsjähriges **Mädchen**.

give [gɪv]
1. to pass something to someone (geben):
*Would you please **give** me a glass of orange juice?*
Würdest du mir bitte ein Glas Orangensaft **geben**?
2. to pass something to someone as a present (schenken):
*Dave **gave** his granny a bunch of flowers for her birthday.*
Dave **schenkte** seiner Oma einen Strauß Blumen zum Geburtstag.

?

Which animal on these two pages has long legs?

____

glass [glɑːs]
1. a hard, clear material that breaks easily (das Glas):
*This bowl is made of **glass**.*
Diese Schüssel ist aus **Glas**.
2. a container made of glass that you can drink out of (das Glas):
*My **glass** is empty.*
Mein **Glas** ist leer.
3. the drink inside a glass (das Glas):
*Dad drank two **glasses** of wine.*
Papa trank zwei **Gläser** Wein.

glove [glʌv]
something that you wear on your hand (der Handschuh):
*Dave is trying on a large pair of **gloves**.*
Dave probiert ein Paar große **Handschuhe** an.

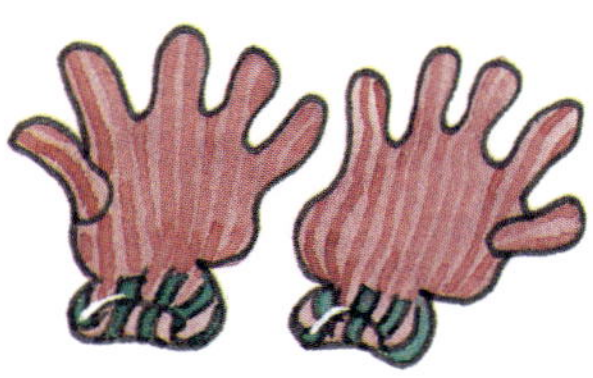

glue [gluː]
1. to stick things together (kleben):
*Rita **glued** a picture into her book.*
Rita **klebte** ein Bild in ihr Buch.
2. a sticky material (der Klebstoff): *This **glue** is easy to use.* Diesen **Klebstoff** kann man leicht benutzen.

go [gəʊ]
1. to move from one place to another (gehen; fahren):
*I **go** to school by bus.*
Ich **fahre** mit dem Bus zur Schule.
2. to leave; not to come (gehen):
*Harry told his dog to **go away**.*
Harry sagte seinem Hund er solle **weggehen**.
3. to do something (gehen):
*The children **went** swimming.*
Die Kinder **gingen** schwimmen.
4. to be somewhere every day or every week (gehen):
*Andy doesn't **go** to school yet.*
Andy **geht** noch nicht in die Schule.

goat [gəʊt]
an animal with horns and smooth hair (die Ziege):
***Goats** are good at climbing.*
Ziegen können gut klettern.

gold [gəʊld]
an expensive, shiny, yellow metal that is used for making jewellery (das Gold):
*This ring is made of **gold**.*
Dieser Ring ist aus **Gold**.

golden ['gəʊldən]
1. like gold; having the colour of gold (golden; goldblond):
*Kathy has **golden** hair.*
Kathy hat **goldblondes** Haar.
2. made of gold (Gold-):
*Aunt Mary has **golden** earrings.*
Tante Mary hat **Gold**ohrringe.

goldfish ['gəʊldfɪʃ]
a small golden or red fish (der Goldfisch):
*Tim likes to watch his two **goldfish** in their bowl.*
Tim schaut gern seinen beiden **Goldfischen** in ihrem Glas zu.

good [gʊd]
1. not bad (gut):
*This is a **good** book and I enjoy reading it.*
Das ist ein **gutes** Buch und ich lese es sehr gern.
2. kind; nice (gut, lieb):
*Bobby is very **good** to the dog.*
Bobby ist sehr **gut** zu dem Hund.
3. able to do something well (gut):
*Dave is **good at** drawing.*
Dave kann **gut** zeichnen.
4. behaving well; not naughty (artig, brav):
*Betty is a **good** girl.*
Betty ist ein **braves** Mädchen.
5. giving health (gesund):
*Fruit and vegetables are **good** for you.*
Obst und Gemüse sind **gesund**.

goodbye [gʊd'baɪ]
a word that you use when you are leaving someone (Auf Wiedersehen):

*Sally **is saying goodbye** to Paul.*
Sally **verabschiedet sich** von Paul.

goose [guːs]
a large bird with a long neck and can make a loud noise (die Gans):
*Mrs Lee keeps three **geese** in her garden.* Frau Lee hält sich drei **Gänse** im Garten.

gorilla [gə'rɪlə]
a large, strong animal with black fur, like a big monkey with no tail (der Gorilla):
***Gorillas** live in the forests of Africa and eat fruit and leaves.*
Gorillas leben in den Wäldern Afrikas und fressen Früchte und Blätter.

grandfather ['grændfɑːðə]
the father of your father or mother (der Großvater):
*I call my **grandfather** Grandad.*
Ich sage Opa zu meinem **Großvater**.

grandmother ['grændmʌðə]
the mother of your father or mother (die Großmutter):
*I have two **grandmothers** – one I call Granny and the other Gran.*
Ich habe zwei **Großmütter** - zu der einen sage ich Omi und zur anderen Oma.

grape [greɪp]
a small, sweet, juicy fruit that grows in bunches (die Traube):
***Grapes** are either green or black.*
Trauben sind entweder grün oder schwarz.

grass [grɑːs]
a green plant with very thin leaves that covers gardens, parks or fields (das Gras):
*Cows, goats, sheep and many other animals eat **grass**.*
Kühe, Ziegen, Schafe und viele andere Tiere fressen **Gras**.

grasshopper ['grɑːshɒpə]
a green insect with long back legs that can jump very high and make a noise by rubbing its legs against its wings (der Grashüpfer):
*It is rather difficult to see **grasshoppers** in the grass.*
Es ist recht schwierig **Grashüpfer** im Gras zu sehen.

gravy ['greɪvɪ]
a thin sauce made from the liquid that comes out of meat when it is cooked (die Bratensoße):
***Gravy** is served with roast beef or pork.*
Bratensoße wird mit Roastbeef oder Schweinebraten serviert.

great ['greɪt]
1. very large (sehr groß):
*There was a **great** crowd of people at the zoo on Sunday.*
Am Sonntag war eine **sehr große** Menschenmenge im Zoo.
2. very good (sehr viel):
*We had **great** fun on the beach.*
Wir hatten **sehr viel** Spaß am Strand.

greedy ['griːdɪ]
wanting a lot of food; wanting more than you need (gierig):
*Norman is eating so much ice-cream – he is **greedy for** it.*
Norman isst so viel Eis - er ist richtig **gierig danach**.

green [griːn]
the colour of fresh grass (grün):
*A tree frog is all **green** so that it can hide easily.*
Ein Laubfrosch ist ganz **grün**, so dass er sich gut verstecken kann.

grey [greɪ]
the colour of dark clouds (grau):
*Dad is wearing a **grey** suit.*
Papa trägt einen **grauen** Anzug.

ground [graʊnd]
the solid top of the earth; the soil (der Boden):
*The eggs fell on the **ground**.*
Die Eier fielen auf den **Boden**.

group [gruːp]
a number of people that are together in one place (die Gruppe):
*A **group** of children are playing on the beach.*
Eine **Gruppe** Kinder spielen am Strand.

grow [grəʊ]
1. to become bigger or get longer (wachsen):
*Harry **has grown** a lot since last year.*
Seit letztem Jahr **ist** Harry viel **gewachsen**.
2. to put seeds or young plants in the ground (anpflanzen):
*Mrs Lee **grew** vegetables in her garden last summer.*
Letzten Sommer hat Frau Lee Gemüse im Garten **angepflanzt**.

growl [graʊl]
to make a deep, angry sound (knurren):
*The guard dog **growled at** the stranger.*
Der Wachhund **knurrte** den Fremden **an**.

guard [gɑːd]
to protect someone or something from danger (bewachen; hüten):
*The soldiers are **guarding** the jewels.*
Die Soldaten **bewachen** die Juwelen.

?

What does an angry dog do?

____

guess [ges]
to say what you think might be nearly the right answer
(raten; schätzen):
*Granny said, "Close your eyes and **guess** what I have for you".*
Oma sagte, "Mach die Augen zu und **rate** was ich für dich habe".

guide [gaɪd]
1. to show someone the way and explain things (führen):
*Mrs Smith **guided** the tourists round the city.*
Frau Smith **führte** die Touristen in der Stadt herum.
2. to lead someone (führen):
*The boy is **guiding** the blind man across the street.*
Der Junge **führt** den Blinden über der Straße.

guitar [gɪ'tɑː]
a musical instrument with six strings that you play with your fingers (die Gitarre):
*Toby loves to play **the guitar**.*
Toby spielt sehr gern **Gitarre**.

gun [gʌn]
a metal thing that is used for shooting (das Gewehr; die Pistole):
*The hunter shot the deer with his **gun**.* Der Jäger erschoss den Hirsch mit seinem **Gewehr**.

Hh

hair [heə]
1. the thin, fine things that grow on your head
(das Haar):
*Linda has long fair **hair**.*
Linda hat langes, blondes **Haar**.
2. one of the hairs that grow on your skin (das Haar):
*Mr Lee has some grey **hairs** in his black beard.*
Herr Lee hat ein paar graue **Haare** in seinem schwarzen Bart.

hairdresser ['heədresə]
a person whose job it is to wash and cut people's hair
(der Friseur):
*Rita goes to the **hairdresser** once a month.*
Rita geht einmal im Monat zum **Friseur**.

ham [hæm]
cooked, salty meat from the back leg of a pig
(der Schinken):
*Norman put four slices of **ham** into his sandwich.*
Norman legte vier Scheiben **Schinken** in sein Sandwich.

hamburger ['hæmbɜːgə]
a round, flat piece of beef that is fried and then put into a bread roll with slices of onion and tomato:
(der Hamburger)
*Tim had a big **hamburger** for lunch.*
Tim aß zum Mittagessen einen großen **Hamburger**.

hammer ['hæmə]
a tool with a heavy metal head that you use for hitting nails into wood or a wall
(der Hammer):
*Uncle Tom is hitting a nail with his **hammer**.*
Onkel Tom schlägt mit dem **Hammer** einen Nagel ein.

hamster ['hæmstə]
a small animal with pale brown fur that looks a bit like a mouse with a very short tail
(der Hamster):
*A **hamster** sleeps during the day and likes to be alone.*
Ein **Hamster** schläft tagsüber und ist gern allein.

hand [hænd]
the part of your body at the end of your arm (die Hand):
*Bob is holding a coin in his **hand**.*
Bob hält eine Münze in der **Hand**.

handcuffs ['hændkʌfs]
two metal rings joined by a short chain that are put around someone's wrists to stop them running away
(die Handschellen):
*The policeman put **handcuffs** on the thief.*
Der Polizist legte dem Dieb **Handschellen** an.

handkerchief ['hæŋkətʃɪf]
a small square piece of cloth or soft paper for wiping your nose (das Taschentuch):
*Sandra has a nice **handkerchief**.*
Sandra hat ein hübsches **Taschentuch**.

handle ['hændl]
the part of something that you hold in your hand to pick it up or to open it
(der Griff):
*Brushes, cups, pots, buckets and doors all have **handles**.*
Bürsten, Pinsel, Tassen, Töpfe, Eimer und Türen haben alle einen **Griff**.

handsome ['hænsəm]
good-looking; nice to look at (gut aussehend):
*A lot of people think that the actor is **handsome**.*
Viele Leute glauben, dass der Schauspieler **gut aussieht**.

hang [hæŋ]
1. to fix something above the ground on a hook, string or chain (aufhängen):
*Rita is **hanging up** the wet clothes.*
Rita **hängt** die Wäsche **auf**.

2. to be fixed above the ground (hängen):
*The clothes are **hanging** on a line.*
Die Wäsche **hängt** an der Leine.

happy ['hæpɪ]
very pleased
(glücklich; fröhlich; sich freuen):
*Mandy **is happy** that she may go to the zoo.*
Mandy **freut sich**, dass sie in den Zoo gehen darf.

harbour ['hɑːbə]
a place on the coast where boats can be kept safely and where people can land (der Hafen):
*There are many ships and boats in the **harbour**.*
Im **Hafen** gibt es viele Schiffe und Boote.

hard [hɑːd]
1. not soft (hart):
*This stone is very **hard**.*
Dieser Stein ist sehr **hart**.
2. not easy; difficult (schwer):
*This tree is **hard** to climb.*
Es ist **schwer** auf diesen Baum zu klettern.
3. doing something a lot (heftig):
*It is raining **hard**.*
Es regnet **heftig**.

hardworking [hɑːd'wɜːkɪŋ]
working a lot and trying to do everything correctly (fleißig):
*Rita is a **hardworking** pupil.*
Rita ist eine **fleißige** Schülerin.

hare [heə]
an animal like a rabbit with long ears and long legs (der Hase):
*A **hare** can run very fast.*
Ein **Hase** kann sehr schnell rennen.

hat [hæt]
something that you wear on your head (der Hut; die Mütze):
*Toby put on a large green **hat**.*
Toby hat sich einen großen grünen **Hut** aufgesetzt.

hate [heɪt]
not to like something or someone (hassen; nicht leiden können):
*Billy **hates** getting up early in the mornings.* Billy **hasst** es morgens früh aufzustehen.

hawk [hɔːk]
a large bird with a short, crooked beak that hunts other birds and small animals (der Habicht):
*A **hawk** has very sharp claws.*
Ein **Habicht** hat sehr scharfe Krallen.

?

Find an an animal with long ears on these two pages.

hay [heɪ]
grass that has been cut and dried (das Heu):
*The farmer feeds the cows with **hay** in the winter.*
Im Winter füttert der Bauer die Kühe mit **Heu**.

head [hed]
the top part of your body, where your face and hair are (der Kopf):
*Toby is wearing a big green hat on his **head**.*
Toby trägt einen großen grünen Hut auf dem **Kopf**.

headache ['hedeɪk]
a pain in your head (die Kopfschmerzen):
*Dad doesn't want to watch the film because he has a **headache**.*
Papa möchte den Film nicht sehen, weil er **Kopfschmerzen** hat.

healthy [helθɪ]
1. being well; not ill (gesund):
*Grandad was ill last week, but now he is feeling **healthy** again.*
Opa war letzte Woche krank, aber jetzt ist er wieder **gesund**.
2. helping to keep you healthy (gesund):
*Fresh fruit and vegetables are **healthy**.* Frisches Obst und Gemüse sind **gesund**.

hear [hɪə]
to notice sounds with your ears (hören):
*Can you **hear** the music?*
Kannst du die Musik **hören**?

heart [hɑːt]
the part of your body that makes your blood go through your body (das Herz):
*If you put your hand on your chest you can feel your **heart** beating.*
Wenn du deine Hand auf die Brust legst, spürst du dein **Herz** schlagen.

heat [hiːt]
to make something hot (erhitzen; warm machen):
*Mum is **heating** the soup on the cooker.*
Mama **macht** die Suppe auf dem Herd **warm**.

heavy ['hevɪ]
weighing a lot; not light (schwer):
*Tim can't lift this **heavy** stone.*
Tim kann diesen **schweren** Stein nicht heben.

hedge [hedʒ]
a line of bushes that are planted close together along the edge of a garden or a field (die Hecke):
*The gardener is cutting the **hedge**.*
Der Gärtner schneidet die **Hecke**.

helicopter ['helɪkɒptə]
a kind of aeroplane without wings that is kept in the air by long blades fixed to its roof that go round very fast (der Hubschrauber):
*Uncle Tom can fly a **helicopter**.*
Onkel Tom kann einen **Hubschrauber** fliegen.

helmet ['helmɪt]
a metal or plastic hat that you wear to protect your head (der Helm):
*Tim wears his red **helmet** for riding his bicycle.*
Tim trägt seinen roten **Helm** wenn er Rad fährt.

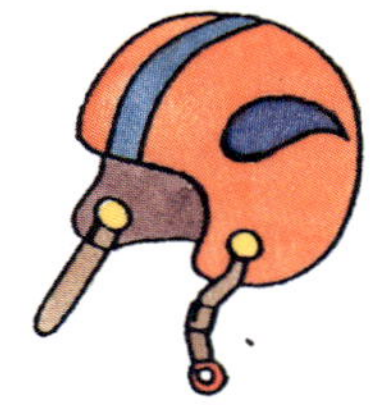

help [help]
to make it easier for someone to do something (helfen):
*Kathy often **helps** her mother do the washing-up.*
Kathy **hilft** ihrer Mutter oft beim Spülen.

hen [hen]
a female chicken that lays eggs (die Henne):
*A **hen** can lay an egg almost every day.* Eine **Henne** kann fast jeden Tag ein Ei legen.

hide [haɪd]
1. to put something in a place where it cannot be seen or is difficult to find (verstecken):
*The pirates **hid** the jewels in a cave.* Die Piraten **versteckten** die Juwelen in einer Höhle.
2. to go somewhere where you cannot be seen (sich verstecken):
*The cat is **hiding** under the armchair.* Die Katze **versteckt sich** unter dem Sessel.

high [haɪ]
1. being a long way above the ground; tall (hoch; hohe/r/s):
*This tower is very **high**.*
Dieser Turm ist sehr **hoch**.
2. not low (hoch; hohe/r/s):
*Sandra has a **high** voice.*
Sandra hat eine **hohe** Stimme.

hill [hɪl]
a piece of land that rises up above the land all around it (der Hügel; der Berg):
You can see the whole city from the top of that ***hill.***
Von der Spitze dieses **Hügels** kann man die ganze Stadt sehen.

hippopotamus [hɪpə'pɒtəməs]
a large, fat, dark grey animal that has short legs, a big mouth, small ears and thick skin, and lives near and in rivers in Africa; often just called "hippo" (das Nilpferd, Flusspferd):
Hippopotamuses *spend most of their time in water.*
Nilpferde verbringen die meiste Zeit im Wasser.

hit [hɪt]
1. to strike (schlagen):
Billy ***hit*** *the ball with his bat.*
Billy **schlug** den Ball mit seinem Schläger.
2. to go against (fahren gegen):
The car ran off the road and ***hit*** *a wall.*
Das Auto kam von der Straße ab und **fuhr gegen** eine Mauer.

hive [haɪv]
a kind of small hut where bees are kept (der Bienenstock):
Bees store honey in their ***hive.***
Bienen legen einen Honigvorrat in ihrem **Bienenstock** an.

hobby ['hɒbɪ]
something that you enjoy doing when you are not working (das Hobby):
Tim's ***hobbies*** *are cycling and collecting shells.*
Tims **Hobbys** sind Rad fahren und Muscheln sammeln.

hold [həʊld]
1. to have something in your hands or arms (halten):
Sandra is ***holding*** *her doll in her arms.* Sandra **hält** ihre Puppe in den Armen.

2. to keep a part of your body in one place (halten):
Hold *your hands above your head and don't move!*
Halten Sie die Hände über den Kopf und bewegen Sie sich nicht!

hole [həʊl]
an opening (das Loch):
There is a ***hole*** *in Toby's tooth.*
Toby hat ein **Loch** im Zahn.

holiday ['hɒlɪdeɪ]
a time when you do not have to go to school or to work (die Ferien; der Urlaub):
We are ***going on holiday*** *for four weeks.*
Wir **machen** vier Wochen **Ferien**.

home [həʊm]
1. the place where you live with your family (das Heim; die Heimat):
Mr and Mrs Lee have a lovely new ***home.*** Herr und Frau Lee haben ein schönes neues **Heim**.
2. to or at the place where you live (nach Hause; zu Hause):
When do you get ***home*** *from school?* Wann kommst du von der Schule **nach Hause**?

homework ['həʊmwɜːk]
work that teachers give to their pupils to do at home (die Hausaufgaben):
Betty is doing her ***homework.***
Betty macht ihre **Hausaufgaben**.

honey ['hʌnɪ]
a very sweet, soft, golden food that is made by bees (der Honig):
Norman loves butter and ***honey*** *on his toast.*
Norman isst sehr gern Toast mit Butter und **Honig**.

hoof [huːf]
the hard part on the feet of horses, cows, sheep, goats and other animals (der Huf):
A horse has a horseshoe fixed to each of its ***hooves.***
Ein Pferd hat an jedem seiner **Hufe** ein Hufeisen festgenagelt.

?
Find two animals on these two pages.

A B C D E F G H I J K L M N O P Q R S T U V W X Y Z

hook [hʊk]
a bent piece of metal or plastic that is used for hanging things on (der Haken):
*Polly has hung her bag on a **hook**.*
Polly hat ihre Tasche an einen **Haken** gehängt.

hoop [huːp]
a large ring (der Reifen):
*Harry's dog can jump through a **hoop**.*
Harrys Hund kann durch einen **Reifen** springen.

hop [hɒp]
to jump on one foot (hüpfen):
*Peter is **hopping** about because he has lost one of his shoes.*
Peter **hüpft** herum, weil er einen seiner Schuhe verloren hat.

hope [həʊp]
to want something to happen (hoffen):
*Linda **hoped** the postman would bring her a letter.*
Linda **hoffte**, dass der Postbote ihr einen Brief bringen würde.

horn [hɔːn]
1. one of the two hard, pointed things that grow on the heads of cows, goats, deer and other animals
(das Horn):
*Bulls use their **horns** to fight each other.*
Stiere benutzen ihre **Hörner** um

miteinander zu kämpfen.

2. a thing in a car, bus or train that a driver uses to make a loud noise as a warning or signal
(die Hupe):
*The driver **sounded the horn** before he drove into the narrow tunnel.*
Der Fahrer **hupte** bevor er in den engen Tunnel fuhr.

horrible ['hɒrɪbl]
very bad
(fürchterlich, schrecklich):
*We had **horrible** weather in Ireland – it was raining all the time.*
Wir hatten **schreckliches** Wetter in Irland - es hat die ganze Zeit über geregnet.

horse [hɔːs]
a large animal that people ride on and that is also used for pulling carts (das Pferd):
***Horses** have horseshoes to protect their hooves.*
Pferde haben Hufeisen um ihre Hufe zu schützen.

hospital ['hɒspɪtl]
a building where people are taken when they are very ill
(das Krankenhaus):
*Mike is in **hospital** because he has broken his leg.*
Mike ist im **Krankenhaus**, weil er sein Bein gebrochen hat.

hot [hɒt]
1. very warm; not cold (heiß):
*Today is a very **hot** day and everyone feels **hot**.*
Heute ist ein sehr **heißer** Tag und allen ist es **heiß**.

2. having a very strong taste that makes your mouth feel hot
(scharf): *Pepper tastes **hot**.*
Pfeffer ist **scharf**.

hour ['aʊə]
one of the 24 parts of a day;
60 minutes (die Stunde):
*Grandad rests for an **hour** every afternoon.* Opa ruht sich jeden Mittag eine **Stunde** aus.

house [haʊs]
a building where people live
(das Haus): *We have a small garden round our **house**.*
Wir haben einen kleinen Garten um unser **Haus** herum.

hovercraft ['hɒvəkrɑːft]
a large vehicle that can move over water and land by floating on a kind of flat balloon
(das Hovercraft, das Luftkissen-fahrzeug):
*A **hovercraft** can go much faster than a ferry.*
Ein **Hovercraft** kann viel schnell als eine Fähre fahren.

howl [haʊl]
1. to make the long, crying sound of a wolf or dog (heulen, jaulen):
*Mandy got frightened when the wolf in the zoo started to **howl**.*
Mandy bekam Angst, als der Wolf im Zoo anfing zu **heulen**.
2. to cry loudly
(laut schreien. brüllen):
*Mike **howled** when he fell from the tree.*
Mike **schrie laut**, als er vom Baum herunterfiel.

hug [hʌg]
to put your arms round someone (umarmen):
*Sally's mother **hugs** Sally when she comes home from school.*
Sallys Mutter **umarmt** Sally, wenn sie von der Schule nach Hause kommt.

huge [hjuːdʒ]
very large (riesengroß, Riesen-):
*A whale is a **huge** sea animal.*
Ein Wal ist ein **riesengroßes** Meerestier.

hungry [ˈhʌŋgrɪ]
wanting something to eat (hungrig; Hunger haben):
*Polly and Norman **are** very **hungry**.* Polly und Norman **haben** großen **Hunger**.

hunt [hʌnt]
1. to chase and catch wild animals for food (jagen):
*In the film the lion was **hunting** a zebra.* In dem Film **jagte** der Löwe ein Zebra.
2. to try to find something (suchen):
*Linda is **hunting** for her ring.*
Linda **sucht** ihren Ring.

hunter [ˈhʌntə]
a person who hunts wild animals (der Jäger/die Jägerin):
*The **hunter** shot a bear.*
Der **Jäger** erschoss einen Bären.

hurry [ˈhʌrɪ]
1. to be quick (sich beeilen):
*Toby has to **hurry** because he got up too late.*
Toby muss **sich beeilen**, weil er zu spät aufgestanden ist.
2. to go quickly (schnell laufen):
*Dave **hurried** to school.*
Dave **lief schnell** zur Schule.
3. to make someone be quick (hetzen): *Don't **hurry** me!*
Hetz mich nicht so!

hurt [hɜːt]
1. to make a part of your body feel painful (sich verletzen):
*Simon **hurt** his toe on a rock.*
Simon verletzte sich den Zeh an einem großen Stein.

2. to be painful (weh tun):
*Simon's toe **hurts**.*
Simons Zeh **tut weh**.
3. upset (verletzt; gekränkt):
*Norman was **hurt** because Rita didn't invite him to her birthday party.* Norman war **gekränkt**, weil Rita ihn nicht zu ihrer Geburtstagsparty eingeladen hatte.

husband [ˈhʌzbənd]
the man that a woman is married to (der Mann, der Ehemann):
*Mr Lee is Mrs Lee's **husband**.*
Herr Lee ist Frau Lees **Mann**.

hut [hʌt]
a small house that is usually made of wood (die Hütte):
*Tarzan built himself a **hut** in the jungle.* Tarzan baute sich eine **Hütte** im Urwald.

hutch [hʌtʃ]
a cage for rabbits or other small pets (der Stall): *Linda keeps her rabbit in a **hutch** in the garden.*
Linda hält ihr Kaninchen in einem **Stall** im Garten.

Ii

ice [aɪs]
frozen water (das Eis):
*Mike is skating on the **ice**.*
Mike läuft auf dem **Eis** Schlittschuh.

ice-cream [aɪsˈkriːm]
a sweet, soft, frozen food that is made from cream or milk (das Eis):
*Norman loves to eat **ice-cream**.*
Norman isst sehr gern **Eis**.

icing [ˈaɪsɪŋ]
a kind of liquid sugar that is used to cover cakes (der Zuckerguss):
*Granny baked a chocolate cake with white **icing**.*
Oma backte einen Schokoladenkuchen mit weißem **Zuckerguss**.

?

Does a horse have hoops, hooks or hooves?

ill [ɪl]
not well; sick (krank):
*Norman is **ill** and has to stay in bed.* Norman ist **krank** und muss im Bett bleiben.

important [ɪm'pɔːtənt]
needed very much (wichtig):
*It is **important** that you learn all these English words.*
Es ist **wichtig**, dass du alle diese englischen Wörter lernst.

in [ɪn]
1. inside (in):
*The cat is sleeping **in** the basket.*
Die Katze schläft **in** dem Korb.
2. during a time (im; am):
***In** summer we often go swimming **in** the afternoons.*
Im Sommer gehen wir oft nachmittags schwimmen.
3. at home; not out
(da, zu Hause):
*Are your parents **in**?*
Sind deine Eltern **zu Hause**?

indoors [ɪn'dɔːz]
inside a building: not outdoors (drin, drinnen):
*We play **indoors** when it is raining.*
Wenn es regnet, spielen wir **drin**.

insect ['ɪnsekt]
any small animal that has six legs (das Insekt):
*Ants, bees, beetles, butterflies and mosquitos are all **insects**.*
Ameisen, Bienen, Käfer, Schmetterlinge und Mücken sind **Insekten**.

inside [ɪn'saɪd]
1. in something; not outside
(in; innen):
*This lion is **inside** a cage.*
Dieser Löwe ist **in** einem Käfig.
2. the part that is in something (das Innere; die Innenseite):
*Your jumper is **inside out**.*
Du hast deinen Pullover **verkehrt herum** an.

interesting ['ɪntrəstɪŋ]
exciting; not dull (interessant):
*Peter is reading a very **interesting** book about dinosaurs.*
Peter liest gerade ein sehr **interessantes** Buch über Dinosaurier.

into ['ɪntuː]
to the inside of something (in):
*Mrs Lee is coming **into** the room.*
Frau Lee kommt **in** das Zimmer.

invite [ɪn'vaɪt]
to ask someone to come to your house, to a party or a meal (einladen): *Sandra **invited** Polly to her party.* Sandra hat Polly zu ihrer Party **eingeladen**.

iron ['aɪən]
1. an electric metal thing that gets very hot and is used for making clothes smooth
(das Bügeleisen):
*Harry burnt his fingers when he touched the hot **iron**.* Harry verbrannte sich die Finger als er das heiße **Bügeleisen** berührte.

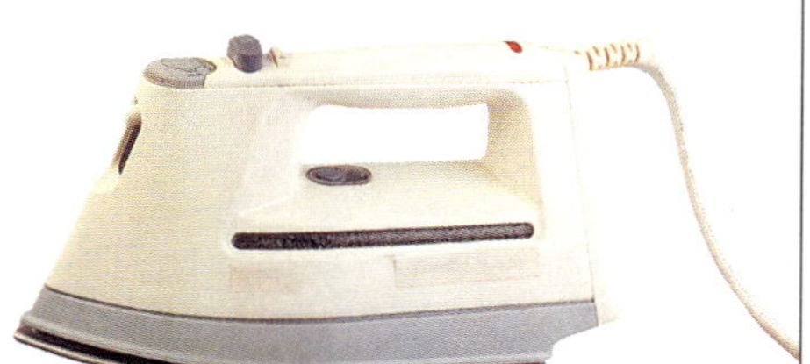

2. a metal that is used for making nails, tools, gates and other things (das Eisen):
*Things made of **iron** get rusty when they are left in water.*
Dinge, die aus **Eisen** sind, fangen an zu rosten, wenn man sie im Wasser liegen lässt.

iron ['aɪən]
to make clothes smooth with an iron (bügeln):
*Sandra's mother is **ironing** her pink dress.*
Sandras Mutter **bügelt** ihr rosa Kleid.

island ['aɪlənd]
a piece of land with water all around it (die Insel):
*Nobody lives on this small **island**.*
Auf dieser kleinen **Insel** wohnt niemand.

itch [ɪtʃ]
to feel something on your skin that makes you want to scratch (jucken):
*Pete's arm is **itching** because a mosquito has bitten him.*
Petes Arm **juckt**, weil ihn eine Stechmücke gestochen hat.

Jj

jacket [ˈdʒækɪt]
a short coat (die Jacke):
Mr Smiley has a green ***jacket*** *with a blue collar and blue pockets.*
Herr Smiley hat eine grüne **Jacke** mit einem blauen Kragen und blauen Taschen.

jam [dʒæm]
a sweet, soft food that is made by cooking fruit with a lot of sugar (die Marmelade): *Tim spread a lot of strawberry* ***jam*** *on his bread.*
Tim hat viel Erdbeer**marmelade** auf sein Brot gestrichen.

jar [dʒɑː]
a glass container for with a wide top and a lid (das Glas):
I can't get the lid off this jam ***jar****.*
Ich kann den Deckel von diesem Marmeladen**glas** nicht herunterbekommen.

jaw [dʒɔː]
one of the two bones in your mouth that hold your teeth (der Kiefer):
Your lower ***jaw*** *moves up and down when you are eating or talking.* Wenn du etwas isst oder redest, dann bewegt sich dein Unter**kiefer** auf und ab.

jeans [dʒiːnz]
trousers that are made of strong, cotton cloth (die Jeans):
Dave is wearing ***jeans*** *and a yellow shirt.* Dave trägt **Jeans** und ein gelbes Hemd.

jeep [dʒiːp]
a kind of car that can travel over rough ground (der Jeep):
Mr Brown is driving along a mountain road in his ***jeep****.*
Herr Brown fährt mit seinem **Jeep** die Bergstraße entlang.

jelly [ˈdʒelɪ]
a sweet, soft, clear food that is made with fruit juice and sugar (der Wackelpudding; das Gelee):
Mum made a ***jelly*** *for dessert.*
Mama machte einen **Wackelpudding** als Nachtisch.

jellyfish [ˈdʒelɪfɪʃ]
a sea animal with a soft body that looks like an umbrella made of clear jelly (die Qualle):
Some ***jellyfish*** *can sting you.*
Einige **Quallen** können auf der Haut brennen.

jewel [ˈdʒuːəl]
1. a beautiful stone that is used to make jewellery (der Edelstein):
A diamond is a very expensive ***jewel****.*
Ein Diamant ist ein sehr teurer **Edelstein**.
2. a piece of jewellery with jewels in it (das Schmuckstück):
The thieves tried to steal the queen's ***jewels****.*
Die Diebe versuchten den **Schmuck** der Königin zu stehlen.

jewellery [ˈdʒuːəlrɪ]
things such as necklaces, rings and earrings (der Schmuck):
Granny keeps all her ***jewellery*** *in her* ***jewellery*** *box.*
Oma bewahrt ihren gesamten **Schmuck** in ihrem **Schmuck**kasten auf.

jigsaw [ˈdʒɪgsɔː]
a puzzle that is made up of lots of small pieces that you have to put together correctly to make a picture (das Puzzle):
Do you enjoy doing ***jigsaws****?*
Machst du gern **Puzzles**?

?

Find the right container for jam.

____

job [dʒɒb]
1. the work that a person gets paid for (die Arbeit, die Stelle): *Mr Smiley is looking for a new* ***job*** *as a taxi-driver.*
Herr Smiley sucht sich eine neue **Arbeit** als Taxifahrer.
2. a piece of work (die Arbeit): *Harry gets some money for doing little* ***jobs*** *in Mrs Lee's garden.*
Harry bekommt Geld dafür, dass er kleine **Arbeiten** in Frau Lees Garten erledigt.

jog [dʒɒg]
to run not very fast (joggen): *Tim is* ***jogging*** *along the river.*
Tim **joggt** am Fluss entlang.

join [dʒɔɪn]
to meet someone (treffen; stoßen auf): *Sandra* ***joined*** *her friends in the playground.*
Sandra **traf** ihre Freundinnen auf dem Spielplatz.

joke [dʒəʊk]
something funny that you say or do to make other people laugh (der Witz; der Scherz; der Spaß): *Bobby is telling Dave a* ***joke.***
Bobby erzählt Dave einen **Witz**.

journey ['dʒɜːnɪ]
a trip from one place to another (die Reise; die Fahrt): *Aunt Mary was very tired after the train* ***journey*** *to Edinburgh.*
Tante Mary war nach der Zug**fahrt** nach Edinburgh sehr müde.

jug [dʒʌg]
a container for liquids with a handle (die Kanne; der Krug): *There is a* ***jug*** *of orange juice on the table.* Auf dem Tisch steht ein **Krug** mit Orangensaft.

juggle ['dʒʌgl]
to throw several things into the air and catch them again (jonglieren): *The clown is* ***juggling*** *five small balls.*
Der Clown **jongliert** mit fünf kleinen Bällen.

juice [dʒuːs]
the liquid from fruit or vegetables (der Saft): *Paul is squeezing the* ***juice*** *out of two oranges.*
Paul presst den **Saft** aus zwei Orangen aus.

jump [dʒʌmp]
to leap (springen): *The dog* ***jumped*** *over the wall.*
Der Hund **sprang** über die Mauer.

jumper ['dʒʌmpə]
a knitted piece of clothing (der Pullover): *Granny knitted a nice* ***jumper*** *out of blue wool.*
Oma strickte einen hübschen **Pullover** aus blauer Wolle.

jungle ['dʒʌŋgl]
a large piece of land in a hot country where tall trees and other plants grow very close together (der Urwald, der Dschungel): *A lot of monkeys, birds, snakes and insects live in the* ***jungle.***
Im **Urwald** leben viele Affen, Vögel, Schlangen und Insekten.

Kk

kangaroo [kæŋgə'ruː]
a large animal from Australia with a long, very strong tail and large back legs that help it to jump; a female kangaroo carries her baby in a pocket of skin called a pouch (das Känguru): *A young* ***kangaroo*** *is called a "joey" in Australia.*
In Australien wird das Junge eines **Känguru** "Joey" genannt.

keep [kiːp]
1. not to give away (behalten): *Harry wants to* ***keep*** *the kite.*
Harry möchte den Drachen **behalten**.
2. to store; to have in a place (aufbewahren; aufheben): *Betty* ***keeps*** *her letters in the drawer of her desk.*
Betty **bewahrt** ihre Briefe in ihrer Schreibtischschublade **auf**.

kennel ['kenl]
a small hut for a dog to sleep in (die Hundehütte): *There is a big* ***kennel*** *for the guard dog in front of the house.*
Vor dem Haus steht eine große **Hundehütte** für den Wachhund.

kettle ['ketl]
a metal pot for boiling water in (der Kessel): *The water in the* ***kettle*** *is boiling.*
Das Wasser im **Kessel** kocht.

key [kiː]
1. a small metal thing that you use to open doors or locks (der Schlüssel):
Toby wants to open the door with the ***key****.*
Toby möchte die Tür mit dem **Schlüssel** aufschließen.

2. a small part of a computer, calculator or piano that you press with your fingers (die Taste):
Toby tried to press all the ***keys*** *of the* ***keyboard*** *at the same time.*
Toby versuchte alle **Tasten** der **Tastatur** gleichzeitig zu drücken.

kick [kɪk]
to hit something with your foot (treten; kicken):
Dick is ***kicking*** *the football about.*
Dick **kickt** den Fußball herum.

kid [kɪd]
1. a baby goat (das Kitz):
The ***kid*** *is only drinking milk.*
Das **Kitz** trinkt nur Milch.
2. a word for a child (das Kind):
The ***kids*** *are playing outside.*
Die **Kinder** spielen draußen.

kill [kɪl]
to make a person, animal or plant die (töten, umbringen):
The hunter ***killed*** *the bear with his gun.*
Der Jäger **tötete** den Bären mit seinem Gewehr.

kind [kaɪnd]
1. one of the different sorts of things (die Art; die Sorte):
What kind of *bird is this?*
Was für ein Vogel ist das?
2. something like something else (eine Art ...):
A nectarine is ***a kind of*** *peach.*
Eine Nektarine ist eine **Art** Pfirsich.
3. gentle and good to other people; friendly (lieb, nett):
Sally is very ***kind*** *to her brother.*
Sally ist sehr **lieb** zu ihrem Bruder.

king [kɪŋ]
a man who rules a country (der König):
The ***king*** *is sitting on his throne wearing his golden crown.*
Der **König** sitzt, mit einer goldenen Krone auf dem Kopf, auf dem Thron.

kiss [kɪs]
to touch someone's cheek or lips with your lips to show that you love them (küssen):
Mum and Dad ***kiss each other*** *before Dad goes to his office.*
Mama und Papa **küssen sich**, bevor Papa ins Büro geht.

kitchen [ˈkɪtʃən]
a room where food is cooked (die Küche):
There is a cooker, a sink, a refrigerator and lots of cupboards in our ***kitchen****.*
In unserer **Küche** haben wir einen Herd, eine Spüle, einen Kühlschrank und viele Schränke.

kite [kaɪt]
a light thing that is made of thin pieces of wood covered with paper or plastic and is fixed to a long string (der Drachen):
Norman is flying his ***kite****.* Norman lässt seinen **Drachen** steigen.

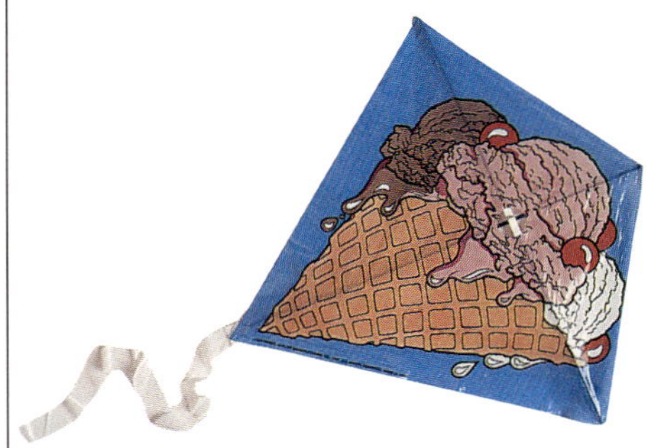

kitten [ˈkɪtn]
a baby cat (das Kätzchen):
Our cat has four little ***kittens****.*
Unsere Katze hat vier kleine **Kätzchen**.

kiwi [ˈkiːwiː]
1. a small green fruit (die Kiwi):
There are ***kiwis*** *in the fruit salad.*
Im Obstsalat sind **Kiwis**.
2. a bird from New Zealand that has a long beak and strong legs and cannot fly (der Kiwi):
Kiwis *are awake at night.*
Kiwis sind nachts wach.

?

Find two baby animals on these two pages.

knee [niː]
the part of your leg that bends (das Knie): *Tim fell down and hurt his **knees**.* Tim fiel hin und verletzte sich die **Knie**.

kneel [niːl]
to go down on your knees; to be on your knees (knien):
*You sometimes **kneel down** to pray in church.*
In der Kirche **kniet** man manchmal **nieder** um zu beten.

knife [naɪf]
a tool with a sharp blade that you use to cut food (das Messer):
*Rita put glasses, plates, **knives** and forks on the table.*
Rita stellte Gläser, Teller, **Messer** und Gabeln auf den Tisch.

knight [naɪt]
a man who was trained to fight for his king (der Ritter):
*The king and his **knights** lived in a castle on a hill.*
Der König und seine **Ritter** lebten in einer Burg auf einem Berg.

knit [nɪt]
to make something out of wool, using two long needles (stricken):
*Granny is **knitting** a long scarf.*
Oma **strickt** einen langen Schal.

knob [nɒb]
1. a round handle on a door or drawer (der Knauf):
*Peter turned the door **knob**.*
Peter drehte den Tür**knauf**.
2. a button on a radio or television that you turn (der Knopf):
*You can turn up the music by turning this **knob**.*
Wenn du an diesem **Knopf** drehst, kannst du die Musik lauter machen.

knock [nɒk]
1. to make a noise by tapping on a door (klopfen):
*The postman is **knocking** on the door.*
Der Briefträger **klopft** gerade an die Tür.

2. to hit something or someone so that they fall (stoßen; schlagen):
*The cat **knocked over** the milk bottle.* Die Katze **stieß** die Milchflasche **um**.

knot [nɒt]
a place where two pieces of thread or string are tied together (der Knoten):
*Bob tied a **knot** in his shoestrings.*
Bob machte in seine Schnürsenkel einen **Knoten**.

know [nəʊ]
1. to be able to tell something correctly (wissen):
*Do you **know** where Sandra is?*
Weißt du wo Sandra ist?
2. to have learnt something (können):
*Rita **knows** French and German.*
Rita **kann** Französisch und Deutsch.
3. to have met someone and talked to them (kennen):
*Helen **knows** Toby very well – he is in her class.*
Helen **kennt** Toby sehr gut - er ist in ihrer Klasse.

koala [kəʊ'ɑːlə]
an animal from Australia that has thick grey fur and big round ears and looks like a small bear (der Koala):
***Koalas** live in trees and only eat eucalyptus leaves.*
Koalas leben in Bäumen und fressen nur Eukalyptusblätter.

Ll

ladder ['lædə]
a thing made of two long pieces of wood or metal with steps between them that you use for climbing up to a high place (die Leiter):
*Mr Smiley is climbing up the **ladder** to get onto the roof.*
Herr Smiley steigt die **Leiter** hinauf um auf das Dach zu gelangen.

lady ['leɪdɪ]
a polite word for a woman (die Dame):
*Mrs Lee is the **lady** who lives next to us.* Frau Lee ist die **Dame**, die neben uns wohnt.

lake [leɪk]
a large area of water with land all around it (der See):
*There are a lot of fish in this **lake**.*
In diesem **See** gibt es viele Fische.

lamb [læm]
1. a baby sheep (das Lamm):
*The **lamb** is eating grass.*
Das **Lamm** frisst gerade Gras.

2. the meat from a lamb (das Lammfleisch; Lamm-):
*We had **lamb** chops and potatoes.*
Es gab bei uns **Lamm**koteletts und Kartoffeln.

lamp [læmp]
a thing for giving you light, in a room or outside (die Lampe):
*There is a table **lamp** by the bedside.* Neben dem Bett steht eine Tisch**lampe**.

lamp-post ['læmp pəʊst]
a tall metal post beside a street that has a lamp at the top (der Laternenpfahl):
*Tim leant his bicycle against a **lamp-post**.*
Tim lehnte sein Fahrrad gegen einen **Laternenpfahl**.

land [lænd]
1. the dry, solid part of the world (das Land):
*Harry and Toby climbed out of the boat and stepped onto dry **land**.*
Harry und Toby stiegen aus dem Boot auf trockenes **Land**.

2. to come down to the ground (landen):
*We watched the planes taking off and **landing** at the airport..*
Auf dem Flughafen schauten wir zu wie die Flugzeuge starteten und **landeten**.

lane [leɪn]
1. a narrow road (der Weg):
*This **lane** leads to a village.*
Dieser **Weg** führt zu einem Dorf.
2. a part of a road for one line of traffic (die Spur):
*Some of the roads in the city centre have six **lanes**.*
Einige der Straßen im Stadtzentrum haben sechs **Spuren**.

lantern ['læntən]
a lamp made of wire and paper with a candle inside (die Laterne):
*Andy is carrying a **lantern** with blue and orange stripes.*
Andy trägt eine **Laterne** mit blauen und orangen Streifen.

large [lɑːdʒ]
big; not small (groß):
*A hippopotamus is a **large** animal.*
Ein Nilpferd ist ein **großes** Tier.

last [lɑːst]
1. the one before this one (letzte/r/s):
*Norman was ill **last** week.*
Norman war **letzte** Woche krank.
2. the one or ones at the end, after all the others (der/die/das Letzte):
*Sandra came **last** in the race.*
Sandra kam als **Letzte** in dem Rennen an.
3. the only one left (letzte/r/s):
*Who wants the **last** banana?*
Wer möchte die **letzte** Banane?

late [leɪt]
after the usual time; not early (spät): *Harry is **late** for dinner.*
Harry kommt zu **spät** zum Essen.

laugh [lɑːf]
to make a sound that shows you are happy (lachen):
*The children are **laughing** at the clown.*
Die Kinder **lachen** über den Clown.

lay [leɪ]
1. to arrange the plates, knives, forks, spoons and glasses on a table before a meal (decken):
*Kathy is **laying** the table for supper.*
Kathy **deckt** den Tisch für das Abendessen.
2. to bring out eggs (legen):
*The hens **lay** an egg every day.*
Die Hennen **legen** jeden Tag ein Ei.

lazy ['leɪzɪ]
not wanting to work; not wanting to take exercise (faul):
*Norman is very **lazy**.*
Norman ist sehr **faul**.

lead [liːd]
1. to go in front of someone or something; to guide (führen):
*The duck is **leading** her ducklings to the pond.* Die Ente **führt** ihre Küken zum Teich.
2. to go to a place (führen):
*This path **leads** to the village.*
Dieser Weg **führt** zum Dorf.

?

Do you turn on the lamb or lamp for light?

____

leaf [liːf]
one of the thin green parts of a plant (das Blatt):
*Koalas only eat **leaves**.*
Koalas fressen nur **Blätter**.

leak [liːk]
to have a hole through which water or gas gets out (undicht sein):
*The roof is **leaking**.*
Das Dach **ist undicht**.

lean [liːn]
to rest something against something else (lehnen):
*Mr Smiley **leant** the ladder against the wall.* Herr Smiley **lehnte** die Leiter an die Wand.

leap [liːp]
to jump (springen):
*Helen opened the box and a big frog **leapt** out.* Helen machte die Schachtel auf und ein großer Frosch **sprang** heraus.

learn [lɜːn]
to get to know how to do something (lernen):
*Rita is **learning** to play the piano.*
Rita **lernt** Klavier spielen.

leather ['leðə]
the skin of an animal that is used to make clothes, shoes, bags and lots of other things (das Leder):
*Mrs Smith is wearing a black **leather** jacket.*
Frau Smith trägt eine schwarze **Leder**jacke.

leave [liːv]
1. to go away (verlassen):
*Dad **leaves** the house at seven o'clock to go to work.*
Papa **verlässt** um sieben Uhr das Haus um zur Arbeit zu gehen.
2. to go without taking something (liegen lassen; stehen lassen):
*Tim **left** his keys on the desk.*
Tim hat seine Schlüssel auf dem Schreibtisch **liegen gelassen**.
3. to let something stay (lassen):
*Andy **left** his toys lying around on the floor.*
Andy hat seine Spielsachen auf dem Boden herumliegen **lassen**.
4. to keep something (übrig lassen):
*Don't finish the cake – **leave** a piece for Sandra.*
Iss den Kuchen nicht ganz auf - **lass** ein Stück für Sandra **übrig**.

left [left]
the same side as the hand that most people use less; not right (linke/r/s; links):
*Patrick is holding up his **left** arm.*
Patrick hält seinen **linken** Arm hoch.

leg [leg]
one of the parts of the body that a person or animal uses to walk; one of the parts of a table or chair that stands on the floor (das Bein):
*An ant has six **legs**.*
Eine Ameise hat sechs **Beine**.

lemon ['lemən]
a sour, juicy, yellow fruit with a thick skin (die Zitrone):
*A **lemon** is too sour to eat on its own.* Eine **Zitrone** ist zu sauer, als dass man sie so essen könnte.

lend [lend]
to give something to someone for some time (leihen):
*"Mandy, will you **lend** me your new book, please?" asked Linda.*
"Mandy, **leihst** du mir bitte dein neues Buch?", fragte Linda.

leopard ['lepəd]
a wild animal that looks like a big cat with black spots on its fur (der Leopard):
*A **leopard** kills other animals for food.*
Ein **Leopard** tötet andere Tiere, damit er etwas zu fressen hat.

lesson ['lesn]
a time when a teacher is teaching you something (die Stunde):
*We are having an English **lesson**.*
Wir haben gerade eine Englisch-**stunde**.

letter ['letə]
1. a written message that you send by post (der Brief):
*Rita wrote a **letter** to her friend.*
Rita schrieb ihrer Freundin einen **Brief**.
2. a sign that is used in writing (der Buchstabe):
*A, B and C are the first three **letters** of the alphabet.*
A, B und C sind die drei ersten **Buchstaben** des Alphabets.

lettuce ['letɪs]
a plant with large green leaves that you can eat
(der Kopfsalat, der grüne Salat):
*Mum made a salad with **lettuce** and tomatoes.*
Mama machte einen **grünen Salat** mit Tomaten.

library ['laɪbrərɪ]
a building where a lot of books are kept that people can borrow
(die Bücherei, die Bibliothek):
*Paul went to the **library** and borrowed two books about snakes.*
Paul ging in die **Bücherei** und lieh sich zwei Bücher über Schlangen aus.

lick [lɪk]
to move your tongue over something (lecken; schlecken):
*Norman is **licking** the ice-cream.*
Norman **leckt** am Eis.

lid [lɪd]
a cover for a pot, pan, jar, tin or box (der Deckel): *Anne put the **lid** back on the pan.* Anne machte wieder den **Deckel** auf den Topf.

lie [laɪ]
to be in a flat position; not to stand (liegen):
*The cat is **lying** in her basket.*
Die Katze **liegt** in ihrem Korb.

lie [laɪ]
to say something that is not true
(lügen; anlügen):
*Andy broke the vase – he **lied to** his mum and said he did not do it.*
Andy zerbrach die Vase - er **log** seine Mama **an** und sagte er hätte es nicht getan.

life [laɪf]
the time when you are alive
(das Leben): *Mrs Lee has spent all her **life** in London.*
Frau Lee hat ihr ganzes **Leben** in London verbracht.

lift [lɪft]
1. to raise (hochheben):
*Patrick can **lift** the heavy basket.*
Patrick kann den schweren Korb **hochheben**.

2. a kind of little room that moves up and down between the floors of a tall building
(der Aufzug, der Lift):
*We **took the lift to** the tenth floor.*
Wir **fuhren mit dem Aufzug in** den zehnten Stock.

light [laɪt]
1. something that comes from the sun or a lamp and helps you to see things (das Licht):
*Our classroom gets a lot of sun**light** in the mornings.*
Unser Klassenzimmer bekommt morgens viel Sonnen**licht**.
2. an electric lamp
(das Licht; die Lampe):
*Polly switched on the **light** in her bedroom.*
Polly hat in ihrem Zimmer das **Licht** angemacht.

light [laɪt]
1. to make something start burning
(anzünden; anmachen):
*Dad **lit** the candle with a match.*
Papa hat die Kerze mit einem Streichholz **angezündet**.
2. to give light to a place
(beleuchten):
*The dining room is **lit** by candles.*
Kerzen **beleuchten** das Esszimmer.
3. having plenty of light
(hell):
*Our classroom is a very **light** room because it has four windows.*
Unser Klassenzimmer ist sehr **hell**, weil es vier Fenster hat.
4. pale in colour; not dark
(hell-):
*Sally is wearing a **light** blue blouse and a dark blue skirt.*
Sally trägt eine **hell**blaue Bluse und einen dunkelblauen Rock.
5. easy to lift or carry; not heavy
(leicht):
*A feather is very **light**.*
Eine Feder ist sehr **leicht**.

lighthouse ['laɪthaʊs]
a tower with a strong light that is built on the coast or on a small island and that is used to guide ships and to warn them of danger
(der Leuchtturm):
*The **lighthouse** shows the ships the entrance to the harbour.*
Der **Leuchtturm** zeigt den Schiffen die Einfahrt zum Hafen.

? Can a water pipe leak or leap?

____

lightning ['laɪtnɪŋ]
the bright light in the sky that you can see for a very short time during a storm (der Blitz):
***Lightning** is always followed by thunder.* Auf einen **Blitz** folgt immer Donner.

like ['laɪk]
1. to enjoy something (mögen, gern haben/tun):
*Dave **likes** drawing and Rita **likes** painting.* Dave zeichnet **gern** und Rita malt **gern**.
2. to think that someone or something is very nice (mögen, gern haben):
*I **like** Polly very much.*
Ich **habe** Polly sehr **gern**.
3. to want (möchten):
*Would you **like** an ice-cream?*
Möchtest du ein Eis?
4. nearly the same (wie):
*Tim can jump **like** a frog.*
Tim kann **wie** ein Frosch hüpfen.

line [laɪn]
1. a long, thin mark (die Linie):
*Bob has drawn a **line** across the first page of his exercise book.*
Bob hat eine **Linie** über die erste Seite seines Schulheftes gezogen.
2. a row of people or things that are next to each other (die Reihe):
*The chairs are standing in a **line**.*
Die Stühle stehen in einer **Reihe**.
3. a row of words (die Zeile):
*This poem has ten **lines**.*
Dieses Gedicht hat zehn **Zeilen**.
4. a long piece of string, rope or wire (die Leine): *The washing is hanging on the **line**.*
Die Wäsche hängt an der **Leine**.

lion ['laɪən]
a large animal from Africa that looks like a big cat with light brown fur (der Löwe):
*A **lion** has a mane.*
Ein **Löwe** hat eine Mähne.

lip [lɪp]
one of the two red parts round your mouth (die Lippe): *Mum has lipstick on her **lips**.* Mama hat Lippenstift auf den **Lippen**.

liquid ['lɪkwɪd]
something that flows (die Flüssigkeit): *This is a red **liquid**.*
Das ist eine rote **Flüssigkeit**.

listen ['lɪsn]
to hear carefully (hören):
*Andy is **listening to** the radio.*
Andy **hört** Radio.

litter ['lɪtə]
rubbish (die Abfälle, Abfall-):
*You should put your **litter** in a **litter** bin.* Man sollte seine **Abfälle** in einen **Abfall**eimer werfen.

little ['lɪtl]
1. small; not big (klein):
*I have a **little** radio.*
Ich habe ein **kleines** Radio.
2. very young (klein):
*My **little brother** is one year old.*
Mein **Brüderchen** ist ein Jahr alt.
3. not much (ein bisschen):
*There is **a little** ice-cream left.*
Es ist noch **ein bisschen** Eis übrig.

live [lɪv]
1. to have your home somewhere (wohnen):
*Tim **lives** near the school.*
Tim **wohnt** nahe an der Schule.
2. to be alive (leben):
*Plants cannot **live** without water.*
Pflanzen können nicht ohne Wasser **leben**.

living-room ['lɪvɪŋ ruːm]
the room in a house or flat where people sit and rest (das Wohnzimmer):
*We have our television in our **living-room**.*
Wir haben unseren Fernseher im **Wohnzimmer**.

loaf [ləʊf]
a large piece of bread that can be cut into slices (das Brot; der Laib):
*Mrs Lee bought three **loaves of bread** at the baker's.*
Frau Lee hat beim Bäcker drei **Brote** gekauft.

lobster ['lɒbstə]
a sea animal that has a hard red shell, two large claws and eight legs; the meat inside the shell (der Hummer):
*Mr and Mrs Lee had **lobster** in a French restaurant.*
Herr und Frau Lee aßen in einem französischen Restaurant **Hummer**.

lock [lɒk]
to put a key into a thing, called a lock, and turn the key to keep a door, drawer or suitcase closed (abschließen):
*Every night Grandad **locks** the front door.* Opa **schließt** jeden Abend die Haustür **ab**.

log [lɒg]
a thick piece of wood (der Klotz; das Scheit):
*Mr Brown cut the wood into **logs**.*
Herr Brown zerhackte das Holz in **Scheite**.

lollipop ['lɒlɪpɒp]
a sweet on a stick (der Lutscher):
*This red **lollipop** tastes of raspberry.* Dieser rote **Lutscher** schmeckt nach Himbeere.

lonely ['ləʊnlɪ]
sad because you are alone or because you have no friends (einsam):
*Mike felt **lonely** in hospital.*
Mike fühlte sich im Krankenhaus **einsam**.

long [lɒŋ]
1. not short (lang):
*Polly has **long** hair.*
Polly hat **langes** Haar.
2. taking a lot of time (lang):
*Bobby had to wait a **long** time for the bus to arrive.* Bobby musste **lange** auf den Bus warten.

look [lʊk]
1. to turn your eyes to see something (gucken; sehen):
***Look at** the squirrel!*
Sieh dir das Eichhörnchen **an**!
2. to try to find someone or something (suchen):
*Rita is **looking for** her cat in the garden.*
Rita **sucht** ihre Katze im Garten.
3. to seem (aussehen):
*A tiger **looks** like a big cat.*
Ein Tiger **sieht** wie eine große Katze **aus**.

loose [luːs]
1. not firmly fixed (lose):
*Sandra has a **loose** tooth that will soon fall out.* Sandra hat einen **losen** Zahn, der bald ausfallen wird.
2. free; not tied (frei herumlaufen):
*Peter let his hamster **loose** in his bedroom.*
Peter ließ seinen Hamster in seinem Zimmer **frei herumlaufen**.

lorry ['lɒrɪ]
a large vehicle that is used for carrying heavy things by road; a truck (der Lastwagen):
*Dick's father drives a **lorry**.*
Dicks Vater fährt einen **Lastwagen**.

lose [luːz]
1. not to be able to find something (verlieren):
*Patrick can't find his pen - he has **lost** it.* Patrick kann seinen Füller nicht finden - er hat ihn **verloren**.

2. not to win (verlieren):
*Our school team **lost** the football match.* Unsere Schulmannschaft hat das Fußballspiel **verloren**.

loud [laʊd]
not quiet (laut): *The music is too **loud** - please turn it down.*
Die Musik ist zu **laut** - mach sie bitte leiser.

love [lʌv]
1. to like someone very much (lieben): *Mum **loves** Dad.*
Mama **liebt** Papa.
2. to like something very much (sehr gern mögen):
*Tim **loves** swimming.*
Tim schwimmt **sehr gern**.

lovely ['lʌvlɪ]
beautiful; very nice (schön; herrlich): *We had a **lovely** day on the beach.* Wir hatten einen **herrlichen** Tag am Strand.

low [ləʊ]
1. not high (nieder)
*Rita can't reach the table because her chair is too **low**.* Rita kann den Tisch nicht erreichen, weil ihr Stuhl zu **nieder** ist.

2. not loud (leise):
*We were talking in a **low** voice so that the baby wouldn't wake up.*
Wir sprachen **leise**, damit das Baby nicht aufwachen würde.

lunch [lʌntʃ]
a meal that you eat in the middle of the day (das Mittagessen):
*Norman is having fried chicken and vegetables **for lunch**.*
Norman isst Brathähnchen und Gemüse **zum Mittagessen**.

?

Find one word on these two pages that is made up of two different words.

____

A B C D E F G H I J K L M N O P Q R S T U V W X Y Z

Mm

machine [mə'ʃiːn]
a thing that makes work easier (die Maschine):
*A **machine** needs electricity or an engine in order to work.*
Eine **Maschine** braucht Strom oder einen Motor um zu funktionieren.

magazine [mægə'ziːn]
a kind of thin book with a paper cover and a lot of photographs that is sold every week or every month (die Zeitschrift):
*Linda likes to cut out pictures from old **magazines**.*
Linda schneidet gern aus alten **Zeitschriften** Bilder aus.

magic ['mædʒɪk]
something that makes things happen that cannot be explained (die Zauberei, die Magie):
*Polly was dreaming she could fly on a carpet **by magic**.*
Polly träumte, dass sie **durch Zauberei** auf einem Teppich fliegen könnte.

magician [mə'dʒɪʃn]
1. a person who can do tricks that look like magic (der Zauberkünstler):
*Suddenly the **magician** held a golden ball in his hand.*
Plötzlich hielt der **Zauberkünstler** eine goldene Kugel in der Hand.

2. a man in a fairy story who can do magic (der Zauberer):
*The **magician** turned the giant into a mouse.*
Der **Zauberer** verwandelte den Riesen in eine Maus.

magnet ['mægnɪt]
a piece of iron that makes other pieces of iron move towards it (der Magnet):
*Mum used a **magnet** to pick up the key that had fallen behind the cupboard.*
Mama benutzte einen **Magneten** um den Schlüssel, der hinter den Schrank gefallen war, wieder hervorzuholen.

mail [meɪl]
to send a letter or parcel by post (einwerfen; aufgeben):
*Kathy is **mailing** a letter to her friend.*
Kathy **wirft** einen Brief an ihre Freundin **ein**.

make [meɪk]
1. to prepare; to get something ready (machen):
*Billy has **made** a big sandwich.*
Billy hat ein großes Sandwich **gemacht**.
2. to do something (machen):
*Kathy **made** some spelling mistakes in her letter.*
Kathy hat in ihrem Brief ein paar Rechtschreibfehler **gemacht**.

male [meɪl]
of a man or a boy; of an animal that does not have babies or lay eggs (männlich):
*A **male** cat is called a tomcat.*
Zu einer **männlichen** Katze sagt man Kater.

man [mæn]
a grown-up male person (der Mann):
*Harry's father is a nice **man**.*
Harrys Vater ist ein netter **Mann**.

mane [meɪn]
the long hair on the neck of a horse or a male lion (die Mähne): *The pony has a long, soft **mane**.* Das Pony hat eine lange, weiche **Mähne**.

many ['menɪ]
1. a lot of people or things (viele):
*There are **many** people on the beach.*
Es sind **viele** Leute am Strand.
2. a certain number of people or things (viele):
***How many** brothers and sisters do you have?*
Wie viele Geschwister hast du?

map [mæp]
a drawing of a certain area, such as a country or a town, seen from far above (die Karte; der Stadtplan):
*This **map** shows you almost the whole world.*
Auf dieser **Karte** sieht man fast die ganze Welt.

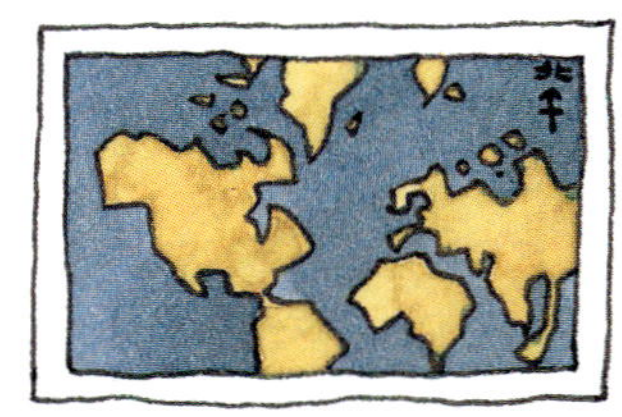

marble ['mɑːbl]
a small coloured glass ball (die Murmel, der Klicker):
*Andy is playing with **marbles**.*
Andy spielt mit **Murmeln**.

march [mɑːtʃ]
to walk with other people as a group (marschieren):
*The soldiers are **marching** along the road.* Die Soldaten **marschieren** die Straße entlang.

margarine [mɑːdʒə'riːn]
a soft yellow fat that is like butter and is made from vegetable oil (die Margarine):
*Norman is spreading a lot of **margarine** on his piece of toast.*
Norman streicht viel **Margarine** auf seinen Toast.

mark [mɑːk]
1. a point that a teacher gives to a pupil for a correct answer (die Note; der Punkt):
*Rita got good **marks** in her test.*
Rita hat in der Klassenarbeit eine gute **Note** bekommen.
2. a spot on something (der Fleck):
*There are dirty **marks** on Toby's exercise books.*
Auf Tobys Schulheften sind viele Schmutz**flecken**.
3. to give marks for a piece of work to pupils or students (benoten):
*The teacher is **marking** the exercise books.*
Die Lehrerin **benotet** die Schulhefte.
2. to put a stain on something (Flecken machen auf):
*The chocolate ice-cream has **marked** Norman's white shirt.*
Das Schokoladeneis hat **auf** Normans weißem Hemd **Flecken gemacht**.

market [ˈmɑːkɪt]
a place, usually outside, where lots of different things are sold (der Markt):
*On Tuesdays Mum buys fresh fruit and vegetables **at the market**.*
Dienstags kauft Mama frisches Obst und Gemüse **auf dem Markt**.

marry [ˈmærɪ]
to become the husband or wife of someone (heiraten):
*Uncle Bob **married** a teacher.*
Onkel Bob **heiratete** eine Lehrerin.

mask [mɑːsk]
a thing that you put over your face to make yourself look different (die Maske):
*The children are wearing **masks** at the party.*
Die Kinder tragen auf der Party **Masken**.

mat [mæt]
1. a kind of small carpet (die Matte): *Andy is wiping his shoes on the door**mat**.*
Andy putzt seine Schuhe an der Fuß**matte** ab.
2. a small thing that you put on a table to protect it (der Untersetzer):
*Tim put the glasses on **mats**.*
Tim stellte die Gläser auf **Untersetzer**.

match [mætʃ]
1. a short, thin stick of wood or cardboard with a tip that starts burning when you strike it against the rough side of a matchbox (das Streichholz):
*Grandad struck a **match**.*
Opa zündete ein **Streichholz** an.
2. a game between two teams or two players (das Spiel):
*Toby and Paul are watching a **football match** on television.*
Toby und Paul sehen sich im Fernsehen ein **Fußballspiel** an.

match [mætʃ]
to look like something else and go well with it (zusammenpassen):
*Bobby's socks don't **match**.*
Bobbys Socken **passen** nicht **zusammen**.

mattress [ˈmætrəs]
a kind of large, flat cushion that is put on a bed for you to lie on (die Matratze):
*Toby has a new **mattress** on his bed.*
Toby hat eine neue **Matratze** auf seinem Bett.

meal [miːl]
the food that you eat in the morning, at midday or in the evening (die Mahlzeit; das Essen):
*Breakfast is the first **meal** of the day.*
Das Frühstück ist die erste **Mahlzeit** am Tag.

measure [ˈmeʒə]
to get the size of something (abmessen; ausmessen):
*Mrs Lee is **measuring** the fabric with her tape measure.*
Mrs Lee **misst** den Stoff mit ihrem Bandmaß **ab**.

meat [miːt]
the flesh of dead animals that is used as food (das Fleisch):
*A butcher sells **meat**.*
Ein Metzger verkauft **Fleisch**.

?

Do you strike a map, a mat, or a match?

mechanic [mɪ'kænɪk]
a person whose job it is to repair machines or vehicles (der/die Mechaniker/in):
Paul's father is a car ***mechanic.***
Pauls Vater ist Auto**mechaniker**.

medal ['medl]
a piece of metal like a large coin that is given as a prize (die Medaille): *Tim received a* ***medal*** *for winning the race.*
Tim hat eine **Medaille** erhalten, weil er das Rennen gewonnen hat.

medicine ['medsɪn]
something that you swallow to get better (die Arznei; die Medizin):
The doctor has given Norman some ***medicine*** *for his stomachache.*
Der Arzt hat Norman eine **Arznei** gegen seine Magenschmerzen gegeben.

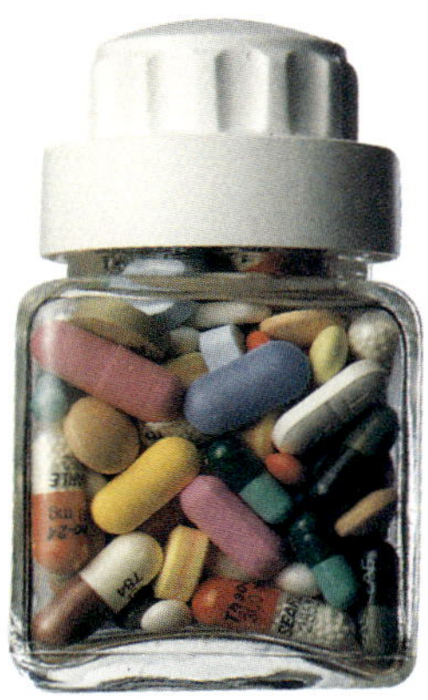

meet [miːt]
1. to be in the same place as someone and to talk to them (treffen):
Mum ***met*** *Mr Smiley at the supermarket yesterday.*
Mama hat gestern Herrn Smiley im Supermarkt **getroffen**.
2. to join someone after arranging a time and place with them (sich trefffen mit):
I'll ***meet*** *Dave at the the zoo at three o'clock tomorrow.*
Ich **treffe mich** morgem um drei Uhr **mit** Dave im Zoo.

melt [melt]
to become very soft or liquid when it gets warm (schmelzen):
Ice-cream ***melts*** *when you take it out of the freezer.*
Eis **schmilzt**, wenn man es aus dem Gefrierschrank nimmt.

mend [mend]
to repair something (reparieren; flicken):
Paul's toy car is broken and he is trying to ***mend*** *it.*
Pauls Spielzeugauto ist kaputt und er versucht es zu **reparieren**.

mess [mes]
something that is untidy (die Unordnung):
Toby's bedroom ***is in a mess*** *– all his things are lying on the floor.*
Tobys Zimmer **ist ganz unordentlich** - alle seine Sachen liegen auf dem Boden herum.

message ['mesɪdʒ]
something said or written that is passed from one person to another (die Nachricht):
Mr Brown left a ***message*** *for Mr Lee.*
Herr Brown hinterließ eine **Nachricht** für Herrn Lee.

metal ['metl]
something hard such as iron, steel, tin or gold (das Metall):
Planes are made of ***metal.***
Flugzeuge sind aus **Metall**.

microphone ['maɪkrəfəʊn]
a small thing that is used to make sounds louder or to put them into a tape recorder (das Mikrofon):
The speaker will use this ***microphone*** *for her speech.*
Die Rednerin wird dieses **Mikrofon** für ihre Rede benutzen.

middle ['mɪdl]
the centre (die Mitte):
The baby is sitting in the ***middle*** *of the round rug.* Das Baby sitzt in der **Mitte** des runden Teppichs.

midnight ['mɪdnaɪt]
twelve o'clock at night (die Mitternacht): *In the story, the ghosts always came alive* ***at midnight.*** In der Geschichte erwachten die Gespenster immer **um Mitternacht**.

milk [mɪlk]
a white liquid that people get from cows (die Milch): *Harry often drinks a glass of* ***milk.***
Harry trinkt oft ein Glas **Milch**.

mine [maɪn]
a place, usually underground, where people dig deep holes to get out tin or gold (das Bergwerk):
Somebody who works in a ***mine*** *is called a miner.*
Jemand, der in einem **Bergwerk** arbeitet, ist ein Bergarbeiter.

minute ['mɪnɪt]
one of the 60 parts of an hour; 60 seconds (die Minute):
It is five ***minutes*** *to one.*
Es ist fünf **Minuten** vor eins.

mirror ['mɪrə]
a flat piece of glass that you use for looking at yourself (der Spiegel):
Rita can see herself in the ***mirror.***
Rita kann sich im **Spiegel** sehen.

miss [mɪs]
1. not to hit or catch something (verfehlen; vorbeigehen an):
*The paper aeroplane only just **missed** Linda's head.*
Das Papierflugzeug **verfehlte** nur knapp Lindas Kopf.
2. to arrive too late for something (verpassen; versäumen):
*Polly has just **missed** the bus to school.* Polly hat gerade den Bus in die Schule **verpasst**.

3. to feel sad because someone or something is no longer there (vermissen): *Tim **misses** his friend who moved to another town.* Tim **vermisst** seinen Freund, der in eine andere Stadt gezogen ist.

mist [mɪst]
a thin fog (der Nebel; der Dunst):
*There is often **mist** along the coast early in the morning.*
Frühmorgens gibt es an der Küste entlang oft **Nebel**.

mistake [mɪ'steɪk]
something that is not correct (der Fehler):
*Rita made some spelling **mistakes** in her English test.*
Rita hat in der Englischarbeit ein paar Rechtschreib**fehler** gemacht.

mix [mɪks]
to stir or shake things together (mischen): *Dave is **mixing** yellow and blue paint to get green paint.*
Dave **mischt** gelbe und blaue Farbe um grüne Farbe zu bekommen.

money ['mʌnɪ]
coins and bank notes that you use for paying for things (das Geld):
*Toby saved enough **money** to buy a football made of leather.*
Toby hat genug **Geld** gespart um sich einen Fußball aus Leder zu kaufen.

monkey ['mʌŋkɪ]
an animal that has long arms and legs and a very long tail (der Affe):
*A **monkey** is very good at climbing trees and swinging from branch to branch.*
Ein **Affe** kann sehr gut auf Bäume klettern und sich von Ast zu Ast schwingen.

monster ['mɒnstə]
a large, ugly kind of animal that you hear about in stories (das Monster; das Ungeheuer):
*Paul is reading a book about a blue **monster** that is afraid of a tiny mouse.*
Paul liest gerade ein Buch über ein blaues **Monster**, das vor einer winzigen Maus Angst hat.

month [mʌnθ]
one of the twelve parts of the year (der Monat):
*January is the first **month** of the year with 31 days.*
Januar ist der erste **Monat** im Jahr mit 31 Tagen.

moon [muːn]
the large shiny thing that you can often see in the sky at night and that changes shape as the nights pass (der Mond):
*Every four weeks there is a full **moon**, when the **moon** looks like a shining ball.*
Alle vier Wochen gibt es Voll**mond**, wenn der **Mond** dann wie ein leuchtender Ball aussieht.

mop [mɒp]
a tool that has a sponge or lots of soft strings fixed to a long handle and that is used for wiping the floor (der Mopp):
*Mrs Lee is cleaning the kitchen floor with a **mop**.*
Frau Lee wischt den Küchenboden mit einem **Mopp**.

morning ['mɔːnɪŋ]
the part of the day between the time when the sun rises and twelve o'clock (der Morgen):
*This **morning** Andy got up late.*
Heute **Morgen** ist Andy spät aufgestanden.

?

Is part of an hour called a month or a minute?

____

mosquito [mɒ'skiːtəʊ]
a small insect that bites people and animals and takes a little bit of their blood (die Stechmücke):
*Toby has been bitten by a **mosquito**.*
Toby ist von einer **Stechmücke** gestochen worden.

moth [mɒθ]
an insect that looks like a butterfly with grey or brown wings (der Nachtfalter; die Motte):
***Moths** usually fly about at night.*
Nachtfalter fliegen meistens nachts herum.

mother ['mʌðə]
a woman who has children; a female parent (die Mutter):
*Paul calls his **mother** "Mum" and his little sister calls her "Mummy".*
Paul sagt "Mama" zu seiner **Mutter** und seine kleine Schwester sagt zu ihr "Mami".

motorcar ['məʊtəkɑː]
a car (das Automobil; das Kraftfahrzeug):
*Grandad calls a car a **motorcar**.*
Opa sagt zu einem Auto **Automobil**.

motorcycle ['məʊtəsaɪkl]
a small vehicle that has an engine and two wheels
(das Motorrad):
*Mr Smiley likes to **ride** his **motorcycle**.*
Herr Smiley **fährt** gern mit seinem **Motorrad**.

mountain ['maʊntɪn]
a very high hill (der Berg):
*This **mountain** is very steep and its peak is covered with snow.*
Dieser **Berg** ist sehr steil und der Gipfel ist mit Schnee bedeckt.

mouse [maʊs]
a small animal that has grey or white fur and a long tail
(die Maus):
***Mice** love to eat cheese.*
Mäuse fressen sehr gern Käse.

moustache [mə'stɑːʃ]
the hair that grows above a man's lips (der Schnurrbart):
*Our postman has a small **moustache**.*
Unser Briefträger hat einen kleinen **Schnurrbart**.

mouth [maʊθ]
the opening below your nose, where your teeth and tongue are
(der Mund; das Maul):
*The lion opened its **mouth** wide and yawned.*
Der Löwe machte sein **Maul** weit auf und gähnte.

move [muːv]
1. to change the place where something is
(bewegen; stellen; rücken):
*Paul and Dave are **moving** the table towards the window.*
Paul und Dave **stellen** den Tisch ans Fenster.
2. to change the way in which you are standing or sitting
(sich bewegen; sich rühren):
*Don't **move**! - There is a snake!*
Beweg dich nicht! - Da ist eine Schlange!
3. to go and live in a different home (umziehen; einziehen):
*Kathy and her family have **moved into** the house next door.*
Kathy und ihre Familie sind in das Haus nebenan **eingezogen**.

movie ['muːvɪ]
a film that you watch at a cinema (der Film):
*We went to a funny **movie** on Saturday.*
Am Samstag sind wir in einen lustigen **Film** gegangen.

mow [məʊ]
to cut grass with a machine called a lawnmower
(mähen):
*Mr Smith is **mowing** the lawn.*
Herr Smith **mäht** den Rasen.

mud [mʌd]
soft, wet earth (der Schlamm):
*Norman slipped and fell into the **mud**.*
Norman rutschte aus und fiel in den **Schlamm**.

mug [mʌg]
a large, deep cup (der Becher):
*Grandad likes to drink tea out of his big **mug**.*
Opa trinkt gern Tee aus seinem großen **Becher**.

muscle ['mʌsl]
one of the pieces of flesh that are fixed to the bones inside your body (der Muskel):
*Harry is showing us his strong arm **muscles**.*
Harry zeigt uns seine starken Arm**muskeln**.

museum [mjuːˈziːəm]
a building where a lot of interesting things are laid out for people to look at (das Museum):
*Polly and Paul are looking at very old coins in the **museum**.*
Polly und Paul schauen sich im **Museum** sehr alte Münzen an.

mushroom [ˈmʌʃrʊm]
a plant that has a short stem and a top part that looks like an umbrella and that you can eat (der essbare Pilz; der Champignon):
*Careful! - This is not a **mushroom** but a toadstool!*
Vorsicht! - Das ist kein **essbarer Pilz** sondern ein Giftpilz!

music [ˈmjuːzɪk]
sounds that are made by people playing musical instruments or singing (die Musik):
*Sally and Toby are making loud **music**.* Sally und Toby machen laute **Musik**.

musician [mjuːˈzɪʃn]
a person who plays a musical instrument well (der/die Musiker/in):
*Paul's mother is a **musician** – she plays the violin.* Pauls Mutter ist eine **Musikerin** - sie spielt Geige.

Nn

nail [neɪl]
1. a small, thin, sharp piece of metal that you can hit into wood or into a wall with a hammer (der Nagel):
*Uncle Tom is hitting the **nails** into the wood.*
Onkel Tom schlägt die **Nägel** ins Holz.

2. something that grows over the ends of your fingers and toes (der Nagel):
*Rita cuts her **fingernails** with a small pair of **nail** scissors.*
Rita schneidet sich die **Fingernägel** mit einer kleinen **Nagelschere**.

name [neɪm]
a word that a person, animal, place or thing is called by (der Name):
*What **is** your **name**? - Sandra. - What a nice **name**!*
Wie **heißt** du? - Sandra. - Was für ein schöner **Name**!

narrow [ˈnærəʊ]
not wide (eng; schmal):
*The street was too **narrow** for a lorry to go through.* Die Straße war zu **eng**, als dass ein Lastwagen hätte durchfahren können.

nasty [ˈnɑːstɪ]
1. horrible; not nice (scheußlich; ekelhaft):
*The medicine had a **nasty** taste.*
Die Medizin schmeckte **ekelhaft**.
2. not friendly (gemein; fies):
*It was very **nasty** of the thief to attack an old lady.* Es war sehr **gemein** von dem Dieb eine alte Dame zu überfallen.

naughty [ˈnɔːtɪ]
behaving badly (frech; ungezogen): *It is **naughty** of Dick to draw on the classroom wall.*
Es war **ungezogen** von Dick die Klassenwände zu bemalen.

near [nɪə]
not far (nahe; in der Nähe):
*Peter lives **near** the school.* Peter wohnt **in der Nähe** der Schule.

neat [niːt]
very tidy (ordentlich):
*Sally's bedroom is **neat**.*
Sallys Zimmer ist **ordentlich**.

neck [nek]
the part of you that joins your head to your body (der Hals):
*Jane is wearing a scarf round her **neck**.* Jane trägt einen Schal um den **Hals**.

necklace [ˈnekləs]
a chain that you wear round your neck (die Halskette): *Dad gave Mum a **necklace**.* Papa schenkte Mama eine **Halskette**.

?

Which insect on these two pages can bite you?

____

need [niːd]
1. to want something (brauchen):
*Toby **needs** a new pair of shoes.*
Toby **braucht** ein neues Paar Schuhe.
2. to have to do something (müssen):
*You **need to** go to bed early if you want to get up at six o'clock.*
Du **musst** früh ins Bett gehen, wenn du um sechs Uhr aufstehen willst.

needle [ˈniːdl]
1. a small, very thin, sharp piece of steel with a hole at one end, that is used for sewing (die Nadel):
*There is a small **needle** in the sewing machine.*
In der Nähmaschine gibt es eine kleine **Nadel**.
2. a thin stick made of metal or plastic that is used for knitting (die Nadel):
*You need two **knitting needles** and a ball of wool to knit.*
Man braucht zwei **Stricknadeln** und ein Knäuel Wolle um zu stricken.

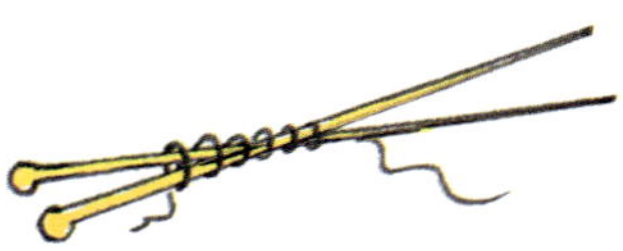

neighbour [ˈneɪbə]
someone who lives next to you, or near you
(der/die Nachbar/in):
*The Lee family are our next-door **neighbours**.*
Die Familie Lee sind unsere direkten **Nachbarn**.

nephew [ˈnefjuː]
a son of your sister or brother (der Neffe):
*Tim is Uncle Tom's **nephew**.*
Tim ist Onkel Toms **Neffe**.

nest [nest]
a home that birds build to lay their eggs in; a home that a group of insects build (das Nest):
*This bird's **nest** is made of twigs and dry leaves.*
Dieses Vogel**nest** besteht aus Zweigen und trockenen Blättern.

net [net]
something that is made of pieces of string joined together by lots of knots (das Netz):
*The fishermen catch fish with large fishing **nets**.*
Die Fischer fangen mit großen Fisch**netzen** Fische.

never [ˈnevə]
not ever; at no time (nie):
***Never** play with matches!*
Spiel **nie** mit Streichhölzern!

new [njuː]
1. just made; just bought; not used before (neu):
*Toby is riding his **new** bicycle for the first time.*
Toby fährt zum ersten Mal mit seinem **neuen** Rad.
2. different (neu):
*We have a **new** music teacher.*
Wir haben eine **neue** Musiklehrerin.

news [njuːz]
1. a programme on television or radio that tells you what has happened today in this country and in the world; something written in a newspaper
(die Nachrichten):
*Tim always watches the six o'clock **news** on television.*
Tim schaut immer um sechs Uhr die **Nachrichten** im Fernsehen an.

2. something that has happened not long ago (das Neueste):
*Have you heard the **news** about the fire?* Haben Sie schon das **Neueste** über das Feuer gehört?

newspaper [ˈnjuːzpeɪpə]
some large sheets of folded paper that have news and advertisements printed on them
(die Zeitung):
*Mr Smiley reads various **newspapers** every day.*
Herr Smiley liest jeden Tag verschiedene **Zeitungen**.

next [nekst]
1. following after this one
(nächste/r/s): *This month is March and the **next** month is April.*
Jetzt haben wir März und der **nächste** Monat ist dann April.
2. coming after someone or something (nächste/r/s):
***Next** please!* Der **Nächste** bitte!
3. beside (neben):
*Polly is standing **next to** Rita.*
Polly steht **neben** Rita.

nice [naɪs]
1. lovely; pretty (hübsch):
*Rita is wearing a **nice** dress.*
Rita trägt ein **hübsches** Kleid.
2. friendly (nett):
*Mrs Lee is a very **nice** lady.*
Frau Lee ist eine sehr **nette** Frau.
3. good to eat (gut):
*Chocolate ice-cream is **nice**.*
Schokoladeneis schmeckt **gut**.

niece [niːs]
a daughter of your sister or brother (die Nichte):
*Sandra and Linda are Aunt Mary's and Uncle Bob's **nieces**.*
Sandra und Linda sind Tante Marys und Onkel Bobs **Nichten**.

night [naɪt]
the time when it is dark
(die Nacht; der Abend):
*You can see the stars and the moon in the sky **at night**.*
Nachts kann man die Sterne und den Mond am Himmel sehen.

no [nəʊ]
1. the opposite of 'yes' (nein):
*"Do you know where Peter is?" - "**No**, I don't."*
"Weißt du wo Peter ist?" - "**Nein**."
2. not any (kein):
*There is **no** ice-cream left because Norman has finished it.*
Es gibt **kein** Eis mehr, weil Norman es aufgegessen hat.
3. not allowed (verboten):
*There is a sign in the bus that says '**No** smoking'.*
Im Bus ist ein Schild auf dem steht 'Rauchen **verboten**'.

nobody ['nəʊbədɪ]
not anyone (niemand):
*There is **nobody** in the park early in the morning.*
Frühmorgens ist **niemand** im Park.

noise [nɔɪz]
a loud sound (der Lärm, der Krach; das Geräusch):
*The children are making a lot of **noise**.*
Die Kinder machen viel **Lärm**.

none [nʌn]
not one; not any (keine/r/s):
*The cat wants some milk but there is **none** left in the small bowl.*
Die Katze will Milch trinken, aber in dem Schälchen ist **keine** mehr.

noodles ['nuːdlz]
long, thin, soft pieces of food that are made with flour and eggs (die Nudeln): *Harry and Patrick are eating **noodles**.*
Harry und Patrick essen **Nudeln**.

nose [nəʊz]
the part of your face that you use for breathing and smelling (die Nase): *Polly held her **nose** because of the nasty smell.*
Polly hielt sich wegen des ekelhaften Geruchs die **Nase** zu.

note [nəʊt]
1. a short lettter; a few words written down (die Notiz):
*Bob left a **note** saying that he had gone for a walk.*
Bob schrieb eine **Notiz**, dass er spazieren gegangen sei.
2. a small piece of paper that is used as money (der Geldschein):
*Mrs Lee paid with a $100 **note** at the supermarket.*
Frau Lee bezahlte mit einem $100- **Schein** im Supermarkt.

notebook ['nəʊtbʊk]
a small book with blank pages that you can write notes in (das Notizbuch):
*Betty writes down new French words in her red **notebook**.*
Betty schreibt neue französische Wörter in ihr rotes **Notizbuch**.

nothing ['nʌθɪŋ]
no thing; not anything (nichts):
*There is **nothing** in this box - it is empty.* In dieser Schachtel ist **nichts** - sie ist leer.

notice ['nəʊtɪs]
to see, hear or feel something (bemerken; feststellen):
*Dave suddenly **noticed** that the cat was sitting under his chair.*
Dave **bemerkte** plötzlich, dass die Katze unter seinem Stuhl saß.

now [naʊ]
at present; not later (jetzt, nun):
*We have to go home **now** because it is very late.*
Wir müssen **jetzt** nach Hause gehen, weil es schon sehr spät ist.

number ['nʌmbə]
a word for 1, 2, 3, 4, ...
(die Zahl; die Ziffer; die Nummer):
*Each player has a **number** on his T-shirt.*
Jeder Spieler hat eine **Zahl** auf seinem T-Shirt.

nurse [nɜːs]
a person whose job it is to look after ill people in hospital (die Krankenschwester):
*The **nurse** is giving Mike some medicine.* Die **Krankenschwester** gibt Mike seine Medizin.

nut [nʌt]
a hard fruit that grows in a very hard shell (die Nuss):
*Mandy likes all kinds of **nuts**, such as **walnuts** and **cashew nuts**.*
Mandy mag alle Arten von **Nüssen**, wie zum Beispiel **Walnüsse** oder **Cashewnüsse**.

?

Do you hold your nose when there is a lot of noise?

A B C D E F G H I J K L M N O P Q R S T U V W X Y Z

Oo

oar [ɔː]
a long piece of wood with a flat end that is used for rowing a boat (das Ruder):
*You need two **oars** to row a boat, one on each side.*
Um zu rudern braucht man zwei **Ruder**, eines auf jeder Seite.

obey [ə'beɪ]
to do what you are told to (gehorchen, folgen):
*Children must **obey** their parents.*
Kinder müssen ihren Eltern **folgen**.

ocean ['əʊʃn]
one of the five very large seas (der Ozean, das Meer):
*The Atlantic **Ocean** is the second largest **ocean**.*
Der Atlantische **Ozean** ist der zweitgrößte **Ozean**.

octopus ['ɒktəpəs]
a sea animal that has a round body and eight long, thin arms (der Tintenfisch, die Krake):
*You can eat **octopuses**.*
Man kann **Tintenfische** essen.

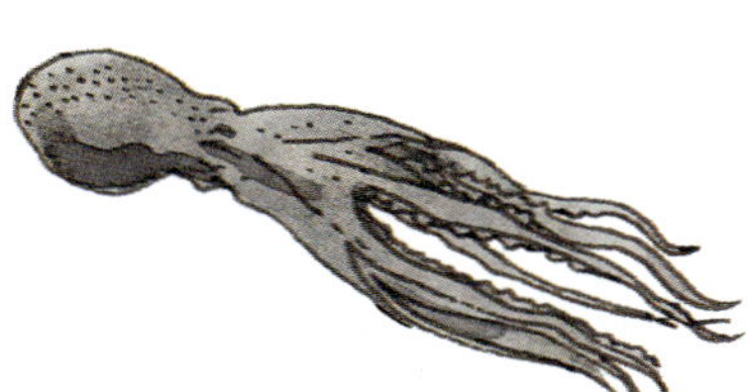

office ['ɒfɪs]
a building or a room where people work sitting at desks (das Büro):
*Mr Brown works in an **office** in a large bank.*
Herr Brown arbeitet in einem **Büro** in einer großen Bank.

often ['ɒfən]
many times (oft, häufig):
*Mandy **often** comes to see me.*
Mandy besucht mich **oft**.

oil [ɔɪl]
1. a liquid fat that comes from certain seeds and fruit and is used for cooking (das Öl):
*Granny always fries fish in corn **oil**.*
Oma brät den Fisch immer in Mais**öl**.
2. a thick, dark brown liquid that comes out of the ground and is used for burning or for putting on parts of machines (das Öl, das Erdöl):
*Andy is putting some **oil** on the wheels of his toy car.*
Andy gibt etwas **Öl** auf die Räder seines Spielzeugautos.

old [əʊld]
1. having lived for many years; not young (alt):
*Grandad is a nice **old** man.*
Opa ist ein netter **alter** Mann.
2. having a certain age (alt):
*"How **old** are you?" "I am seven years **old**."*
"Wie **alt** bist du?" "Ich bin sieben Jahre **alt**."
3. having been used a lot; not new (alt):
*Tim's brown trousers are very **old**.*
Tims braune Hose ist sehr **alt**.

omelette ['ɒmlət]
a soft egg dish that is made by beating eggs and frying them in one piece (das Omelette):
*Rita had an **omelette** with salad for lunch.* Rita aß ein **Omelette** mit Salat zum Mittagessen.

on [ɒn]
1. touching something; covering something (auf):
*The food is **on** the table.*
Das Essen steht **auf** dem Tisch.
2. hanging from something (an):
*My jacket is hanging **on** a hook.*
Meine Jacke hängt **am** Haken.
3. in a bus, train or plane (in):
*Linda met Helen **on** the bus this morning.* Linda traf heute Morgen Helen **im** Bus.
4. during a certain day (am):
*We go to church **on** Sunday morning.* Wir gehen **am** Sonntagmorgen in die Kirche.
5. not stopping (weiter-):
*Please **go on** reading.*
Bitte lies **weiter**.

onion ['ʌnjən]
a round vegetable that has several skins and grows underground (die Zwiebel):
*Cutting **onions** often makes you cry.* Wenn man **Zwiebeln** schneidet, muss man oft weinen.

only ['əʊnlɪ]
1. no more than (nur): *There is **only** one banana left.* Es ist **nur** noch eine Banane übrig.
2. not later than (erst):
*It's **only** two o'clock – we still have plenty of time.* Es ist **erst** zwei Uhr - wir haben noch viel Zeit.
3. and no other (einzige/r/s):
*Dave is the **only** boy in the group.*
Dave ist der **einzige** Junge in der Gruppe.
4. and nothing else (bloß, nur):
*Toby **only** likes playing football.*
Toby spielt **nur** gern Fußball.

open ['əʊpən]
1. to move something so that it is no longer closed (öffnen, aufmachen):
*Helen has **opened** the door.*
Helen hat die Tür **aufgemacht**.
2. to start letting people in (öffnen; eröffnen):
*What time does the zoo **open**?*
Um wie viel Uhr **öffnet** der Zoo?
3. not closed (offen, auf):
*The door is **open**.* Die Tür ist **auf**.

opposite ['ɒpəzɪt]
1. across on the other side of someone or something (gegenüber): *Harry wants to sit **opposite** Sally.* Harry möchte **gegenüber** Sally sitzen.
2. something that is very different from something else (das Gegenteil): *Open is the **opposite** of closed.* Offen ist das **Gegenteil** von geschlossen.

orange ['ɒrɪndʒ]
1. a round, very juicy fruit with a thick skin that is between yellow and red in colour (die Orange, die Apfelsine):
*Rita made us some **orange** juice by squeezing five **oranges**.*
Rita machte uns aus fünf **Orangen** **Orangen**saft.

2. the colour of an orange (orange, orangenfarben):
*Polly is wearing an **orange** dress.*
Polly trägt ein **oranges** Kleid.

orang-utan [ɔːræŋ uː'tæn]
an animal with long red-brown hair and long arms, like a large monkey with no tail (der Orang-Utan): ***Orang-utans** live in the jungle on the islands of Sumatra and Borneo.*
Orang-Utans leben im Urwald auf den Inseln Sumatra und Borneo.

orchestra ['ɔːkɪstrə]
a group of musicians who make music together (das Orchester):
*Mrs Jones plays the violin in an **orchestra**.*
Frau Jones spielt in einem **Orchester** Geige.

orchid ['ɔːkɪd]
a plant that has beautiful flowers in several colours (die Orchidee):
*There are a lot of different kinds of **orchids**.*
Es gibt sehr viele verschiedene Arten von **Orchideen**.

order ['ɔːdə]
1. to tell someone to do something (befehlen, anordnen):
*The policeman **ordered** the thief to hold up his hands.*
Der Polizist **befahl** dem Dieb die Hände hochzuhalten.
2. to ask for something to be served or to be sent (bestellen):
*Mr Smiley called the waitress and **ordered** a cup of coffee.*
Herr Smiley rief die Bedienung und **bestellte** eine Tasse Kaffee.

out [aʊt]
1. from inside; away from (heraus, aus; hinaus; außen):
*Toby and Harry are pulling Norman **out of** the hole.*
Toby und Harry ziehen Norman **aus** dem Loch **heraus**.
2. away from home; not in (weg; nicht da):
*My mum is **out** – she is at the hairdresser's.*
Meine Mama ist **nicht da** - sie ist beim Friseur.

outdoors [aʊt'dɔːz]
not inside a building; not indoors (draußen):
*We play **outdoors** when it isn't raining.* Wenn es nicht regnet, spielen wir **draußen**.

outside [aʊt'saɪd]
not inside a building (außen; draußen; außerhalb):
*Uncle Bob is working **outside** his house.* Onkel Bob arbeitet **draußen** vor seinem Haus.

oven ['ʌvn]
the inside of a cooker (der Backofen):
*Mrs Lee took the hot cake out of the **oven**.*
Frau Lee holte den heißen Kuchen aus dem **Backofen**.

over ['əʊvə]
1. from one side to the other; covering something (über):
*Dave always puts a cloth **over** the bird's cage at night.*
Dave legt abends immer ein Tuch **über** den Vogelkäfig.
2. more than (über):
*We had to wait **over** an hour for the train to arrive.*
Wir mussten **über** eine Stunde warten bis der Zug ankam.

owl [aʊl]
a bird that has a round head, a small, crooked beak and large eyes (die Eule): ***Owls** hunt small animals at night.* **Eulen** jagen nachts kleine Tiere.

ox [ɒks]
a bull that is used for pulling carts (der Ochse):
*The farmer has two **oxen**.*
Der Bauer hat zwei **Ochsen**.

? Find an animal on these two pages that lives in the sea.

Pp

pack [pæk]
1. to put clothes, shoes and other things into a bag or suitcase (packen):
*Harry and Sally are **packing** their suitcases to go on holiday.*
Harry und Sally **packen** ihre Koffer für die Ferien.

2. a set of playing cards (das Kartenspiel): *There are 52 cards in a **pack**.* In einem **Kartenspiel** sind 52 Karten.

package ['pækɪdʒ]
a small parcel (das Päckchen):
*Granny sent a **package** to Andy.*
Oma schickte Andy ein **Päckchen**.

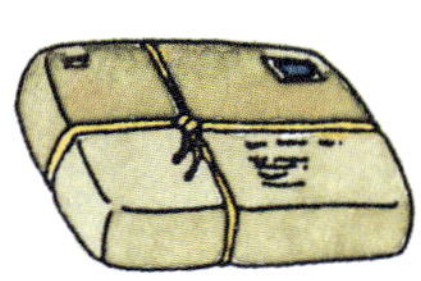

paddle ['pædl]
1. to move a small boat through the water with a kind of short oar, called a **paddle**, that has a flat part at one end or both ends (paddeln):
*Bob is **paddling** his canoe down the river.* Bob **paddelt** sein Kanu den Fluss hinunter.
2. to walk about or play in shallow water (planschen):
*Sandra and Polly love **paddling** in the sea.* Sandra und Polly **planschen** sehr gern im Meer.

page [peɪdʒ]
one side of a sheet of paper in a book, newspaper or magazine (die Seite):
*Patrick is turning the **pages** of his book.* Patrick blättert die **Seiten** seines Buches um.

pail [peɪl]
a bucket (der Eimer):
*Toby is taking water from the well with a **pail**.*
Toby holt mit einem **Eimer** Wasser aus dem Brunnen.

pain [peɪn]
a feeling that you have when you have been hurt or when you are ill (der Schmerz): *Norman has a **pain** in his stomach.*
Norman hat Bauch**schmerzen**.

paint [peɪnt]
1. a thick liquid that is used for putting colour on things (die Farbe; Farb-):
*Dave is using a new box of **paints** for his painting.*
Dave benutzt einen neuen **Farb**kasten für sein Bild.

2. to put paint on things (streichen; lackieren):
*Tim **painted** his old chair red with black stripes.*
Tim **strich** seinen alten Stuhl rot mit schwarzen Streifen.
3. to make a picture of something using paint (malen):
*The artist **painted** a picture of the princess.*
Der Künstler **malte** ein Bild von der Prinzessin.

pair [peə]
1. two things of the same kind that are used together (das Paar):
*Toby has a new **pair** of shoes.*
Toby hat ein neues **Paar** Schuhe.

2. one thing that is made of two parts (--): *Andy needs a new **pair of** trousers.*
Andy braucht eine neue Hose.

palace ['pælɪs]
a very large house where a king, queen or president lives (der Palast):
*There are over two hundred rooms in the **palace**.* Im **Palast** gibt es über zweihundert Zimmer.

pale [peɪl]
1. light in colour (blass):
*The walls in Linda's bedroom are **pale** blue.* Die Wände in Lindas Zimmer sind **blass**blau.
2. having less colour in your face than usual (blass):
*Mike looks **pale** because he is sick.* Mike sieht **blass** aus, weil er krank ist.

pan [pæn]
a round metal container with a handle, that is used for cooking food in (der Topf; die Pfanne):
*Mrs Lee has a milk-**pan**, four sauce**pans** and two frying-**pans**.*
Frau Lee hat einen Milch**topf**, vier Koch**töpfe** und zwei Brat**pfannen**.

pancake ['pænkeɪk]
a thin, flat, round food that is made of flour, milk and eggs and fried in a frying-pan (der Pfannkuchen):
*Andy likes to eat **pancakes**.*
Andy isst gern **Pfannkuchen**.

panda ['pændə]
a large animal with black and white fur (der Panda):
***Pandas** live in the mountains of China.* **Pandas** leben in den Bergen Chinas.

papaya [pə'paɪə]
a large fruit that has sweet orange flesh and lots of black seeds inside (die Papaya):
***Papayas** grow in hot countries.*
Papayas wachsen in heißen Ländern.

paper ['peɪpə]
1. something that you use for writing or drawing on or for wrapping things in (das Papier):
*Linda is wrapping the present in pink **paper**.* Linda packt das Geschenk in rosa **Papier** ein.
2. a newspaper (die Zeitung):
*Mrs Lee reads the **paper** every morning.* Frau Lee liest jeden Morgen die **Zeitung**.

parachute ['pærəʃuːt]
a thing like an umbrella made of very light, strong cloth that is fixed to you with strings and opens out when you have jumped from an aeroplane
(der Fallschirm):
*A **parachute** lets you fall very slowly to the ground.*
Mit einem **Fallschirm** fällt man ganz langsam auf den Boden.

parcel ['pɑːsl]
something that is wrapped and tied so that it can be sent by post (das Paket):
*The postman has brought Mandy a **parcel**.* Der Briefträger hat Mandy ein **Paket** gebracht.

parent ['peərənt]
a mother or a father
(der Elternteil):
*Mr and Mrs Lee are Toby's **parents**.* Herr und Frau Lee sind Tobys **Eltern**.

park [pɑːk]
a large piece of land, usually in a city or town, where grass and trees grow (der Park):
*There is a pond in the **park**.*
Im **Park** gibt es einen Teich.

park [pɑːk]
to stop a vehicle somewhere and leave it there
(parken; abstellen):
*Uncle Bob is **parking** his car in front of the house.*
Onkel Bob **parkt** sein Auto vor dem Haus.

parrot ['pærət]
a bird that has brightly coloured feathers and a crooked beak (der Papagei):
*You can teach a **parrot** to say a few words.*
Man kann einem **Papagei** ein paar Wörter beibringen.

party ['pɑːtɪ]
a time when people come together to have fun (die Party, die Feier):
*Sally is having a birthday **party** today.* Sally gibt heute eine Geburtstags**party**.

pass [pɑːs]
1. to go past someone or something (vorbeigehen an):
*Tim **passed** me in the street this morning but he didn't see me.*
Tim ist heute Morgen **an** mir **vorbeigegangen**, aber er hat mich nicht gesehen.
2. to take something and give it to someone (reichen, geben):
*Mike is **passing** the salt to Linda.*
Mike **reicht** Linda das Salz.
3. not to fail a test (bestehen):
*Most of the pupils **passed** the English test.*
Die meisten Schüler **bestanden** die Englischarbeit.

?

Does a panda or a parrot have paws?

passenger ['pæsɪndʒə]
a person who travels in a car, bus, train, boat or aeroplane (der/die Reisende; der/die Passagier/in):
There are seats for 150 ***passengers*** *on this plane.*
In diesem Flugzeug gibt es für 150 **Passagiere** Sitzplätze.

paste [peɪst]
something soft, wet and sticky; something for cleaning your teeth (der Kleister; die Paste):
*Toby uses a lot of tooth****paste*** *on his toothbrush.* Toby nimmt viel Zahn**pasta** auf seine Zahnbürste.

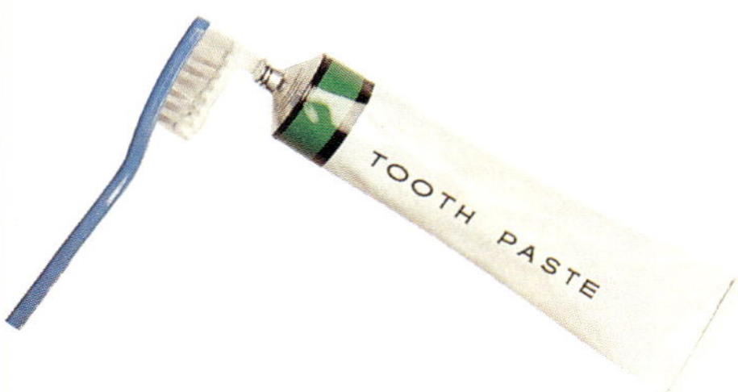

pat [pæt]
to strike someone gently with your hand (tätscheln): *Linda is* ***patting*** *her dog's head.* Linda **tätschelt** den Kopf ihres Hundes.

path [pɑːθ]
a narrow way for walking along (der Weg, der Pfad):
This ***path*** *leads to an old house.*
Dieser **Weg** führt zu einem alten Haus.

pavement ['peɪvmənt]
a path along the side of a street (der Gehsteig): *Andy is riding his bike on the* ***pavement****.* Andy fährt auf dem **Gehsteig** Rad.

paw [pɔː]
a foot of an animal such as a dog, cat or bear (die Pfote; die Tatze):
This dog has one white ***paw*** *and three black* ***paws****.*
Dieser Hund hat eine weiße **Pfote** und drei schwarze **Pfoten**.

pay [peɪ]
to give money for something (bezahlen; zahlen):
Polly ***paid*** *for the ice-cream with a $10 note.*
Polly **bezahlte** das Eis mit einem $10-Schein.

pea [piː]
a very small, round, green vegetable (die Erbse):
Peas *grow in a pod.*
Erbsen wachsen in einer Schote.

peach [piːtʃ]
a round, juicy fruit that has a soft, yellow and red skin, sweet yellow flesh and a stone in the middle (der Pfirsich):
We had ***peaches*** *and cream for dessert.*
Wir hatten **Pfirsiche** mit Sahne zum Nachtisch.

peacock ['piːkɒk]
a large male bird with very long, beautiful feathers that it can lift and spread out like a fan (der Pfau):
Wild ***peacocks*** *live in the jungle.*
Wilde **Pfauen** leben im Urwald.

peanut ['piːnʌt]
a kind of small, light brown nut that grows in a shell under the ground (die Erdnuss):
Harry likes roasted ***peanuts*** *and* ***peanut butter****.*
Harry mag geröstete **Erdnüsse** und **Erdnussbutter**.

pear [peə]
a sweet, juicy fruit with a yellow or green skin that is round at the bottom and narrow at the top (die Birne):
Tim picked two ***pears*** *from the* ***pear*** *tree.* Tim pflückte zwei **Birnen** vom **Birn**baum.

pebble ['pebl]
a small, smooth stone (der Kieselstein, der Kiesel):
Some beaches are covered with ***pebbles****.* Einige Strände sind mit **Kieselsteinen** bedeckt.

pedal ['pedl]
a part of a bicycle, car or piano that you press with your foot (das Pedal):
A bicycle has two ***pedals*** *that you press to make it move.*
Ein Fahrrad hat zwei **Pedale**, in die man tritt um es zu bewegen.

peel [piːl]
to take the skin off fruit or vegetables (schälen): *Patrick is* ***peeling*** *a banana.* Patrick **schält** gerade eine Banane.

peep [piːp]
to look quickly (gucken):
Mandy ***peeped*** *out from behind the curtain.* Mandy **guckte** hinter dem Vorhang hervor.

peg [peg]
1. a small thing that is used for fixing washing to a line to dry (die Wäscheklammer):
*Rita is using **pegs** to hang up the wet clothes.* Rita benutzt **Wäscheklammern** um die nassen Kleider aufzuhängen.
2. a small hook on a wall or door (der Haken):
*Tim's jacket is hanging on a **peg**.*
Tims Jacke hängt an einem **Haken**.

pelican ['pelıkən]
a large bird with a kind of bag at the bottom of its beak that it uses to catch fish (der Pelikan):
*In the zoo we watched the **pelicans** swimming in the pond.*
Im Zoo sahen wir den **Pelikanen** zu wie sie im Teich schwammen.

pen [pen]
a kind of short plastic or metal stick that you use for writing in black or coloured ink
(der Füller; der Kugelschreiber):
*Linda uses red ink in her **pen**.*
Linda hat rote Tinte in ihrem **Füller**.

pencil ['pensl]
a kind of short wooden stick with a black centre that you use for drawing or writing
(der Bleistift):
*Toby likes to write **in pencil**.*
Toby schreibt gern **mit Bleistift**.

penguin ['peŋgwın]
a large black and white bird that cannot fly but is very good at swimming and lives in very cold places (der Pinguin):
*A **penguin** catches fish and other small sea animals.*
Ein **Pinguin** fängt Fische und andere kleine Meerestiere.

people ['pi:pl]
men, women and children
(die Leute): *There are a lot of **people** on the beach.*
Am Strand sind viele **Leute**.

pepper ['pepə]
1. the black, hot-tasting powder that is used to make food taste better (der Pfeffer):
*We have a **pepper** mill for grinding whole **pepper**corns.*
Wir haben eine **Pfeffer**mühle um ganze **Pfeffer**körner zu mahlen.
2. a green, red or yellow vegetable that is empty inside (die Paprika):
*Mandy likes to eat raw red and yellow **peppers**.* Mandy isst gern rohe rote und gelbe **Paprika**.

person ['pɜ:sn]
a woman or a man (die Person):
*There were a lot of people at the party but Mrs Lee was the only **person** I knew.*
Auf der Party waren viele Leute, aber Frau Lee war die einzige **Person**, die ich kannte.

pet [pet]
a tame animal that you keep in your home (das Haustier):
*Linda keeps two rabbits as **pets**.*
Linda hat zwei Kaninchen als **Haustiere**.

petal ['petl]
one of the coloured parts of a flower (das Blütenblatt):
*This tulip has red **petals**.*
Diese Tulpe hat rote **Blütenblätter**.

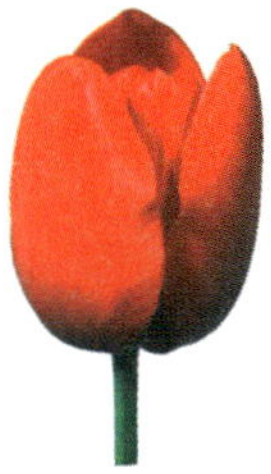

photograph ['fəʊtəgrɑ:f]
a picture that is taken with a camera (das Foto):
*This is a **photograph** of my parents.*
Das ist ein **Foto** von meinen Eltern.

piano [pı'ænəʊ]
a large musical instrument with white and black keys that you press down with your fingers (das Klavier):
*Sally plays **the piano** very well.*
Sally spielt sehr gut **Klavier**.

Which of the three birds on these two pages cannot fly?

A B C D E F G H I J K L M N O P Q R S T U V W X Y Z

pick [pɪk]
1. to choose (auswählen):
*Norman **picked** the ice-cream he likes best.* Norman **wählte** das Eis **aus**, das er am liebsten mag.
2. to take flowers or fruit from a plant; to gather (pflücken):
*Dave **picked** the ripe tomatoes.*
Dave **pflückte** die reifen Tomaten.
3. to lift (aufheben):
*Tim **picked up** the coin.*
Tim **hob** die Münze **auf**.

picnic ['pɪknɪk]
a meal that you take with you and eat outside (das Picknick):
*Sandra and Harry are having a **picnic** in the park.*
Sandra und Harry machen ein **Picknick** im Park.

picture ['pɪktʃə]
1. a drawing or a painting (das Bild):
*Dave is drawing a **picture** of Tim.*
Dave malt ein **Bild** von Tim.
2. a photograph (das Bild):
*Uncle Bob took a lot of **pictures** when he was on holiday.*
Onkel Bob machte im Urlaub viele **Bilder**.

pie [paɪ]
a kind of cake with meat, vegetables or fruit inside (die Pastete; der Obstkuchen):
*Granny made a nice **apple-pie**.*
Oma machte einen guten gedeckten **Apfelkuchen**.

piece [pi:s]
a part of something (das Stück):
*Norman is eating a large **piece of** cake.* Norman isst ein großes **Stück** Kuchen.

pig [pɪg]
a pink animal with short legs, a short, curly tail, and a large nose (das Schwein):
*A female **pig** is called a sow, a male **pig** is called a boar and a baby **pig** a piglet.*
Ein weibliches **Schwein** ist eine Sau, ein männliches **Schwein** ist ein Eber und ein junges **Schwein** ein Ferkel.

pigeon ['pɪdʒən]
a fat, grey or brown bird that often lives in towns (die Taube):
***Pigeons** eat any food that they can find.*
Tauben fressen alles was sie finden können.

piglet ['pɪglət]
a baby pig (das Ferkel):
*The mother pig has eight **piglets**.*
Das Mutterschwein hat acht **Ferkel**.

pile [paɪl]
a lot of things lying on top of one another (der Stapel; der Haufen):
*There is a **pile** of old magazines on the floor.*
Auf dem Boden liegt ein **Stapel** alter Zeitschriften.

pillow ['pɪləʊ]
a soft cushion for your head (das Kopfkissen):
*Andy has two **pillows** on his bed.*
Andy hat zwei **Kopfkissen** auf seinem Bett.

pilot ['paɪlət]
a person who flies an aeroplane or a helicopter (der Pilot):
*Tim wants to become a **pilot** when he grows up.* Tim möchte später einmal **Pilot** werden.

pin [pɪn]
a short, thin piece of metal with a point at one end for holding pieces of cloth or paper together (die Stecknadel; Nadel-):
*Rita keeps her **pins** and needles in a **pin**cushion.*
Rita hat ihre **Stecknadeln** und Nähnadeln in einem **Nadel**kissen.

pineapple ['paɪnæpl]
a large fruit with a thick brown skin and sweet, juicy, yellow flesh, that grows near the ground in hot countries (die Ananas):
*Linda likes to drink fresh **pineapple** juice.*
Linda trinkt gern frischen **Ananas**saft.

pipe [paɪp]
1. a long metal or plastic tube for water, oil or gas (das Rohr; die Leitung):
*There is a hole in the gas **pipe**.*
In der Gas**leitung** ist ein Loch.
2. a long narrow thing with a small bowl at one end that some people use for smoking (die Pfeife):
*Mr Lee likes to smoke a **pipe** after dinner.*
Herr Lee raucht nach dem Essen gern eine **Pfeife**.

place [pleɪs]
1. a certain spot; a certain building or town (die Stelle; der Ort; der Platz):
*I haven't been to this **place** before.*
In diesem **Ort** war ich noch nicht.
2. a seat (der Platz): *The teacher told Peter to go back to his **place**.*
Die Lehrerin sagte Peter er solle an seinen **Platz** zurückgehen.
3. the flat or house where you live (das Haus; die Wohnung):
*The party is **at** Tim's **place**.*
Die Party findet **bei** Tim statt.

plane [pleɪn]
an aeroplane (das Flugzeug):
*Mr Brown **went** to Rome **by plane**.*
Mr Brown ist nach Rom **geflogen**.

plant [plɑːnt]
1. anything that grows from the ground
(die Pflanze):
*There are apple trees, bushes, roses and lots of other **plants** in our garden.*
In unserem Garten gibt es Apfelbäume, Büsche, Rosen und viele andere **Planzen**.
2. to put a seed or plant into the ground so that it will grow
(pflanzen, anpflanzen):
*The gardener is **planting** some flowers in the park.*
Der Gärtner **pflanzt** ein paar Blumen im Park **an**.

plaster ['plɑːstə]
a small, thin piece of plastic or cloth that you can stick on your skin when you have cut yourself
(das Pflaster):
*Mum put a **plaster** on Sandra's hand.*
Mama klebte ein **Pflaster** auf Sandras Hand.

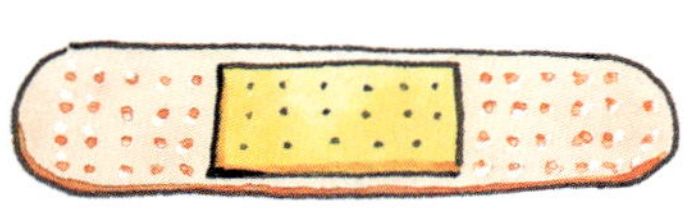

plastic ['plæstɪk]
something that is light and does not break or tear easily
(der Kunstoff, das Plastik):
*The bucket is made of **plastic**.*
Der Eimer ist aus **Plastik**.

plate [pleɪt]
a flat dish for holding food
(der Teller):
*Kathy put one **plate** on the table.*
Kathy stellte einen **Teller** auf den Tisch.

play [pleɪ]
1. to spend time with your toys or your friends
(spielen):
*Sandra is **playing** with her dolls.*
Sandra **spielt** mit ihren Puppen.
2. to take part in a sport
(spielen):
*Toby likes **playing** football.*
Toby **spielt** gern Fußball.
3. to make music on a musical instrument
(spielen):
*Jane is learning to **play** the piano.*
Jane lernt Klavier **spielen**.

4. to act (spielen):
*Patrick **played** a pirate.*
Patrick **spielte** einen Piraten.

play [pleɪ]
a story that you can watch in a theatre or on television or listen to on the radio (das Theaterstück):
*The pupils performed a funny **play** in the school hall on Saturday.*
Am Samstag führten die Schüler in der Aula ein lustiges **Theaterstück** auf.

player ['pleɪə]
a person who takes part in a game or sport (der/die Spieler/in):
*Tennis is a game for two or four **players**.* Tennis ist ein Spiel für zwei oder vier **Spieler**.

playground ['pleɪgraʊnd]
a piece of land where children can play (der Spielplatz):
*There are seesaws, swings and a slide **in the playground**.*
Auf dem Spielplatz gibt es Wippen, Schaukeln und eine Rutsche.

plenty ['plentɪ]
enough; a lot of something
(viel, eine Menge):
*Harry has **plenty** of chips on his plate.*
Harry hat **eine Menge** Pommes frites auf seinem Teller.

plum [plʌm]
a small, egg-shaped fruit with red skin and a stone in the middle
(die Pflaume; die Zwetschge):
***Plums** are soft and sweet.*
Plaumen sind weich und süß.

?

What is a person who flies a plane called?

____

pocket ['pɒkɪt]
a kind of small bag that is sewn onto a piece of clothing, for putting things in (die Tasche): *Norman keeps some sweets in the* ***pocket*** *of his trousers.*
Norman hat ein paar Süßigkeiten in seiner Hosen**tasche**.

point [pɔɪnt]
1. a dot (der Punkt; das Komma): *Tim has a temperature of forty* ***point*** *two (40.2) degrees.*
Tim hat vierzig **Komma** zwei (40,2) Grad Fieber.
2. to show people what you want them to look at by holding out your finger towards it (zeigen, deuten): *Patrick is* ***pointing at*** *the old tree.*
Patrick **zeigt auf** den alten Baum.

poison ['pɔɪzən]
1. something that can make people or animals ill or kill them if it gets into their bodies (das Gift): *In the fairy story, the witch killed the king by putting* ***poison*** *into his wine.*
In dem Märchen tötete die Hexe den König, indem sie **Gift** in seinen Wein mischte.
2. to make ill or kill a person or an animal by giving them poison (vergiften): *Rats are* ***poisoned*** *in some cities.*
Ratten werden in einigen Großstädten **vergiftet**.

policeman [pə'li:smən]
policewoman [pə'li:swʊmən]
a man or a woman whose job it is to protect people and things (der Polizist/ die Polizistin): *A* ***policewoman*** *caught the thief and put handcuffs on him.*
Eine **Polizistin** fing den Dieb und legte ihm Handschellen an.

police station [pə'li:s steɪʃn]
the building where policemen and policewomen work (die Polizeiwache): *Rita went to the* ***police station*** *to tell the police that her bicycle had been stolen.*
Rita ging auf die **Polizeiwache** um der Polizei zu melden, dass ihr Fahrrad gestohlen wurde.

pond [pɒnd]
a small lake (der Teich): *Toby is trying to catch a fish in the* ***pond***. Toby versucht einen Fisch im **Teich** zu fangen.

pony ['pəʊnɪ]
a small kind of horse (das Pony): *Mandy can ride a* ***pony***.
Mandy kann ein **Pony** reiten.

pool [pu:l]
a large kind of bath for swimming in (das Becken; das Schwimmbad): *Tim went to the* ***swimming pool***. Tim ist ins **Schwimmbad** gegangen.

poor [pɔ:]
having very little money (arm): *The old man was so* ***poor*** *that he couldn't buy food for himself.*
Der alte Mann war so **arm**, dass er kein Essen kaufen konnte.

popcorn ['pɒpkɔ:n]
small, white, light pieces of food that are made by heating dry grains of corn until they burst open (das Popcorn): *Norman loves* ***popcorn***.
Norman mag sehr gern **Popcorn**.

porcupine ['pɔ:kjʊpaɪn]
an animal that is covered with long, sharp spines (das Stachelschwein): *A* ***porcupine*** *is a rodent.*
Ein **Stachelschwein** ist ein Nagetier.

port [pɔ:t]
1. a town by the sea that has a harbour (die Hafenstadt): *Portsmouth is a large* ***port*** *in the south of England.*
Portsmouth ist eine große **Hafenstadt** in Südengland.
2. a harbour (der Hafen): *The ships are sailing out of the* ***port***. Die Schiffe verlassen den **Hafen**.

post [pəʊst]
1. the letters and parcels that are sent (die Post): *The* ***post*** *usually arrives at our house at nine o'clock in the morning.* Die **Post** kommt bei uns gewöhnlich um neun Uhr morgens an.
2. a long, strong piece of metal or wood that is fixed to the ground (der Pfosten; der Pfahl; der Mast): *The car crashed into a lamp-****post***.
Das Auto fuhr gegen einen Laternen**pfahl**.

postcard ['pəʊstkɑ:d]
a card with a picture on one side that you send to someone (die Ansichtskarte): *Mandy sent her friends* ***postcards*** *from Munich and Heidelberg.*
Mandy schickte ihren Freundinnen **Ansichtskarten** aus München und Heidelberg.

poster ['pəʊstə]
a large picture that you stick on a wall, often used as an advertisement (das Poster; das Plakat): *Harry has four* ***posters*** *of wild animals on his bedroom walls.*
Harry hat vier **Poster** von wilden Tieren an seinen Zimmerwänden.

postman ['pəʊstmən]
a man whose job it is to deliver letters and parcels (der Briefträger, der Postbote):
The ***postman*** *has brought a letter for Toby.* Der **Briefträger** hat einen Brief für Toby gebracht.

pot [pɒt]
1. a large pan or a deep dish for cooking food in (der Kochtopf; der Topf): *Granny is cooking tomato soup in a large* ***pot****.*
Oma kocht eine Tomatensuppe in einem großen **Kochtopf**.
2. a container with a handle and a lid, for holding tea or coffee (die Kanne):
*Aunt Susan took the tea****pot*** *and poured the tea into five cups.*
Tante Susan nahm die Tee**kanne** und goss den Tee in fünf Tassen.

3. a container for growing plants in (der Blumentopf):
Mrs Lee planted the fern in a small ***pot****.*
Frau Lee pflanzte den Farn in einen kleinen **Blumentopf**.

potato [pə'teɪtəʊ]
a vegetable with a thin brown skin and hard white flesh that grows underground (die Kartoffel):
Patrick loves mashed ***potatoes****.*
Patrick isst sehr gern **Kartoffel-**püree.

pour [pɔː]
1. to make a liquid flow from a container (gießen):
Harry is ***pouring*** *apple juice into his glass.*
Harry **gießt** Apfelsaft in sein Glas.
2. to rain heavily (gießen):
It wasn't just raining – it was ***pouring*** *with rain.* Es regnete nicht nur - es **goss** in Strömen.

powder ['paʊdə]
something that is very fine, like flour (das Pulver):
You need washing ***powder*** *for washing clothes.*
Zum Wäschewaschen braucht man Wasch**pulver**.

practise ['præktɪs]
to do something often to get better at it (üben):
Rita ***practises*** *playing the guitar every day.*
Rita **übt** jeden Tag Gitarre.

praise [preɪz]
to say that you like what someone has done (loben):
The teacher ***praised*** *Peter for knowing all the right answers.*
Die Lehrerin **lobte** Peter, weil er alle Aufgaben richtig gelöst hatte.

prawn [prɔːn]
a small sea animal that has a hard shell, a long tail and lots of legs (die Krabbe, die Garnele):
Mrs Lee bought fresh ***prawns*** *and grilled them with garlic.*
Frau Lee kaufte frische **Krabben** und grillte sie mit Knoblauch.

pray [preɪ]
to speak to God (beten):
The people ***prayed*** *to God for peace.* Die Leute **beteten** zu Gott um Frieden.

present ['prezənt]
something that is given to you; a gift (ein Geschenk):
Harry got a lot of ***presents*** *on his birthday.*
Harry bekam zu seinem Geburtstag viele **Geschenke**.

pretend [prɪ'tend]
1. to make yourself look as if you are doing something that you are not doing (sich ... stellen; vortäuschen):
Billy is awake – he is only ***pretending*** *to be asleep.*
Billy ist wach - er **stellt sich** nur schlafend.
2. to make up something and act as if it were true (so tun, als ob):
Let's ***pretend*** *we are pirates at sea.*
Tun wir **so, als ob** wir Piraten auf hoher See wären.

?

Find an animal on these two pages that you can ride.

____

pretty ['prɪtɪ]
nice to look at (hübsch):
*Kathy is a **pretty** girl.*
Kathy ist ein **hübsches** Mädchen.

price [praɪs]
the amount of money that you have to pay to buy something (der Preis): *Mr Brown bought his car at a reduced **price**.*
Herr Brown kaufte sein Auto zu einem herabgesetzten **Preis**.

prince [prɪns]
a son or grandson of a king or queen (der Prinz):
*In the fairy story the **prince** married Cinderella.*
In dem Märchen heiratete der **Prinz** Aschenputtel.

princess [prɪn'ses]
a daughter or granddaughter of a king or queen (die Prinzessin):
*Lots of people stood in front of the palace to see the beautiful **princess**.* Viele Leute standen vor dem Palast um die schöne **Prinzessin** zu sehen.

prison ['prɪzn]
a building where people are kept locked in small rooms, to punish them for doing something wrong (das Gefängnis):
*The burglars were sent to **prison** for two years.*
Die Einbrecher wurden für zwei Jahre ins **Gefängnis** gesteckt.

prize [praɪz]
something you win in a game or competition (der Preis):
*Toby has won **first prize** in the race.*
Toby hat **den ersten Preis** in dem Wettkampf gewonnen.

promise ['prɒmɪs]
1. to say that you will, or will not, do something (versprechen):
*Tim **promised** his parents that he would work hard for the exams.*
Tim **versprach** seinen Eltern, dass er für die Prüfungen hart arbeiten würde.
2. to say that you will give something to someone (versprechen):
*Granny has **promised** Harry a football for his birthday.*
Oma hat Harry einen Fußball zu seinem Geburtstag **versprochen**.

protect [prə'tekt]
to keep someone or something safe (schützen):
*A snail has a shell to **protect** itself **from** being eaten by other animals.* Eine Schnecke hat ein Haus um sich **davor** zu **schützen** gefressen zu werden.

proud [praʊd]
being happy about what you have done; being happy about people or things that belong to you (stolz):
*Peter was **proud of** his good marks, and his parents were **proud of** him too.*
Peter war **auf** seine guten Noten **stolz** und seine Eltern waren auch **stolz auf** ihn.

pull [pʊl]
to move something by holding on to it (ziehen):
*The two horses are **pulling** the cart.*
Die beiden Pferde **ziehen** den Wagen.

punish ['pʌnɪʃ]
to make someone do something that they don't like to do or hurt them because they have done something wrong (bestrafen):
*The teacher **punished** Toby by making him stand in the corner of the classroom.*
Die Lehrerin **bestrafte** Toby und er musste in der Ecke des Klassenzimmers stehen.

pupil ['pju:pl]
a child who goes to school (die Schülerin, der Schüler):
*The teacher is talking to her **pupils**.*
Die Lehrerin redet mit ihren **Schülern**.

puppet ['pʌpɪt]
a doll that you can move by pulling strings that are fixed to its arms and legs (die Marionette); a kind of doll that you can put over your hand and move with your fingers (die Handpuppe):
*Andy is playing with two funny **puppets**.*
Andy spielt mit zwei lustigen **Handpuppen**.

puppy ['pʌpɪ]
a baby dog (der junge Hund):
*The **puppy** is waiting for Sandra to feed it.* Der **junge Hund** wartet darauf, dass Sandra ihn füttert.

purse [pɜ:s]
a small bag for holding your money (der Geldbeutel):
*Sally has many coins in her **purse**.*
Sally hat viele Münzen in ihrem **Geldbeutel**.

push [pʊʃ]
to lean against something to make it move (schieben; stoßen):
*Toby is trying to **push** his bicycle up the steep hill.*
Toby versucht sein Fahrrad den steilen Berg hinaufzu**schieben**.

put [pʊt]
to move something somewhere (tun; stellen; legen; stecken):
*Peter **put** his coins into his money-box.* Peter **steckte** seine Münzen in seine Sparbüchse.

puzzle ['pʌzl]
a game in which you have to think carefully to answer questions (das Rätsel):
*We spent two hours trying to find the answer to the **puzzle** in the magazine.*
Wir brauchten zwei Stunden um die Lösung für das **Rätsel** in der Zeitschrift zu finden.

pyjamas [pə'dʒaːməz]
a shirt and trousers that you wear in bed (der Schlafanzug):
*Harry has four pairs of **pyjamas**.*
Harry hat vier **Schlafanzüge**.

python ['paɪθn]
a very large snake that kills animals by twisting its body round them tightly (die Pythonschlange):
*There is a **python** in the zoo.*
Im Zoo gibt es eine **Python-schlange**.

Qq

quack [kwæk]
to make the noise of a duck (quaken):
*The ducks always **quack** when Mandy comes to feed them.*
Die Enten **quaken** immer, wenn Mandy sie füttern kommt.

quarrel ['kwɒrəl]
to be angry with someone (sich streiten):
*Sally is **quarrelling** with Helen **over** the torn book.*
Sally **streitet sich** mit Helen **wegen** des zerrissenen Buches.

quarter ['kwɔːtə]
one of four equal parts of something (das Viertel):
*A **quarter** of an hour is fifteen minutes.* Eine **Viertel**stunde sind fünfzehn Minuten.

queen [kwiːn]
a woman who rules a country; the wife of a king (die Königin):
*The **queen** is wearing a crown.*
Die **Königin** trägt eine Krone.

question ['kwestʃən]
something that you say or write to get an answer (die Frage):
*The policeman **asked** Mike a lot of **questions** to find out how the accident happened.*
Der Polizist **stellte** Mike viele **Fragen** um festzustellen, wie der Unfall passierte.

queue [kjuː]
to stand in a line, called a **queue**, when you are waiting for something (anstehen, Schlange stehen):
*The children are **queuing** at the library to return their books.*
In der Bücherei **stehen** die Kinder **Schlange** um ihre Bücher abzugeben.

quick [kwɪk]
1. moving fast; not slow (schnell):
*We must be **quick** or we will miss the bus.* Wir müssen **schnell** machen sonst verpassen wir noch den Bus.
2. taking a short time (schnell):
*Mr Lee usually has a **quick** breakfast before he goes to work.*
Herr Lee frühstückt meistens nur **schnell** bevor er zur Arbeit geht.

quiet ['kwaɪət]
making very little noise; silent (ruhig; still; leise): *You must be **quiet** in the library.* In der Bücherei muss man **leise** sein.

quiz [kwɪz]
a game in which you are asked difficult questions (das Quiz):
*Tim watched a **quiz** programme.*
Tim sah sich eine **Quiz**sendung an.

?

Do you win a price or a prize?

Rr

rabbit ['ræbɪt]
a small animal that has soft fur, a short tail and long ears (das Kaninchen):
*Peter keeps a white **rabbit** as a pet.*
Peter hat ein weißes **Kaninchen** als Haustier.

race [reɪs]
a competition to see who is the fastest (das Rennen):
*The children had a **race** round the playground, and Toby won.*
Die Kinder veranstalteten ein **Rennen** um den Spielplatz und Toby hat gewonnen.

radio ['reɪdɪəʊ]
a thing with several switches and knobs that you turn to listen to programmes (das Radio):
*Dave is listening to music **on the radio**.* Dave hört Musik **im Radio**.

radish ['rædɪʃ]
a small red or white root that you can eat raw (das Radieschen; der Rettich): ***Radishes** taste a bit hot.*
Radieschen schmecken ein bisschen scharf.

raft [rɑːft]
pieces of wood that are tied together and used as a boat (das Floß): *Peter and Mike made a **raft** and floated it on the pond in the park.* Peter und Mike bauten ein **Floß** und brachten es auf dem Teich im Park zu Wasser.

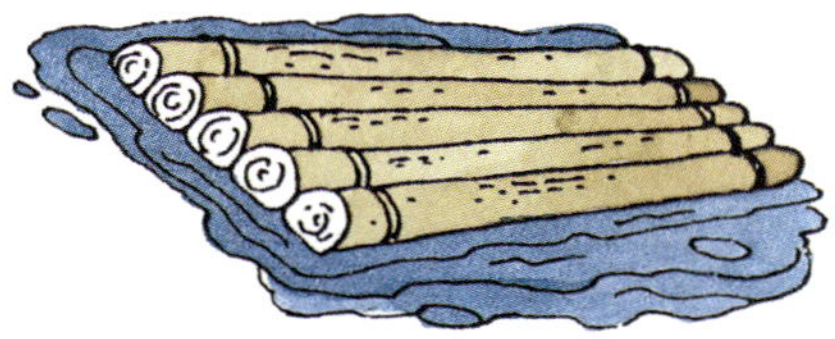

railway ['reɪlweɪ]
a route between two places along which trains travel (die Eisenbahn):
*There is a **railway** from Munich to Hamburg.*
Von München nach Hamburg gibt es eine **Eisenbahn**verbindung.

rain [reɪn]
to fall as drops of water from the clouds (regnen): *It is **raining** heavily.* Es **regnet** stark.

rainbow ['reɪnbəʊ]
the coloured half-circle that you can sometimes see in the sky opposite the sun when it is raining (der Regenbogen):
*A **rainbow** has many colours.*
Ein **Regenbogen** hat viele Farben.

raise [reɪz]
to move something upwards; to lift (heben; hochziehen):
*At school you **raise** your arm when you want to say something.*
Wenn man in der Schule etwas sagen möchte, dann **hebt** man den Arm.

raisin ['reɪzn]
a small, brown, dried grape (die Rosine):
*There are **raisins** in this cake.*
In diesem Kuchen sind **Rosinen**.

rake [reɪk]
a garden tool that looks like a large comb with a long handle (der Rechen):
*Mr Lee is gathering the dead leaves into a pile with a **rake**.*
Herr Lee sammelt das Laub mit einem **Rechen** zu einem Haufen zusammen.

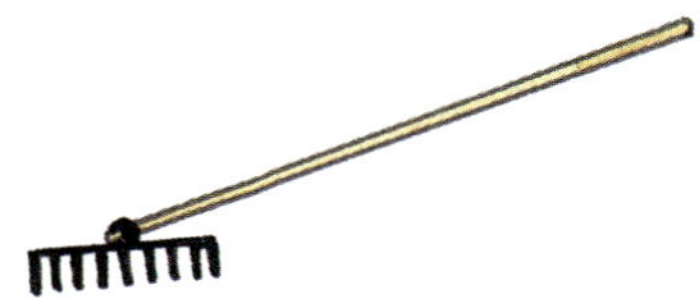

raspberry ['rɑːzbərɪ]
a small, soft, sweet, red berry that can be eaten (die Himbeere):
*Kathy loves **raspberries** and whipped cream.*
Kathy isst sehr gern **Himbeeren** mit Schlagsahne.

rat [ræt]
an animal that looks like a large mouse (die Ratte):
*There are **rats** all over the world and they eat any food that they can find.* Auf der ganzen Welt gibt es **Ratten** und sie fressen alles, was sie finden können.

raw [rɔː]
not cooked (roh):
*You can eat most fruit and vegetables **raw**.*
Das meiste Obst und Gemüse kann man **roh** essen.

razor ['reɪzə]
a tool for shaving off hair (der Rasierapparat):
*Dad shaves every morning with an electric **razor**.*
Papa rasiert sich jeden Morgen mit einem **Rasierapparat**.

reach [riːtʃ]
1. to touch; to get hold of something (erreichen):
*Linda can't **reach** the book on top of the bookcase.* Linda kann das Buch ganz oben auf dem Bücherregal nicht **erreichen**.

2. to arrive at a place (ankommen):
*We **reached** the zoo just when it opened.* Wir **kamen** gerade beim Zoo **an**, als er aufmachte.

read [riːd, red]
1. to look at words and understand them (lesen):
*Mrs Lee **reads** the newspaper every morning.* Frau Lee **liest** jeden Morgen die Zeitung.
2. to read aloud (vorlesen):
*Granny **read** a fairy story to Sandra.* Oma **las** Sandra ein Märchen **vor**.

ready ['redɪ]
1. prepared; able to be used now (fertig):
*Come along, dinner is **ready**!*
Komm, das Essen ist **fertig**!
2. able to go somewhere or do something
(bereit, fertig):
*Tim is **ready** to go swimming.*
Tim ist **fertig** um schwimmen zu gehen.

real [rɪəl]
true (echt; wirklich; richtig):
*Toby has a **real** dog but Andy's dog is just a toy.*
Toby hat einen **echten** Hund, aber Andys Hund ist nur ein Plüschtier.

receive [rɪ'siːv]
to get; to be given (erhalten):
*Mandy **received** a letter from her friend this morning.*
Mandy hat heute Morgen einen Brief von ihrer Freundin **erhalten**.

record ['rekɔːd]
a round, flat piece of black plastic that has music recorded on it
(die Schallplatte; Platten-):
*Granny plays her **records** on her old **record** player.*
Oma spielt ihre **Schallplatten** auf ihrem alten **Platten**spieler ab.

rectangle ['rektæŋgl]
a flat shape with four sides
(das Rechteck):
*Each side of a matchbox is a **rectangle**.*
Jede Seite einer Streichholzschachtel ist ein **Rechteck**.

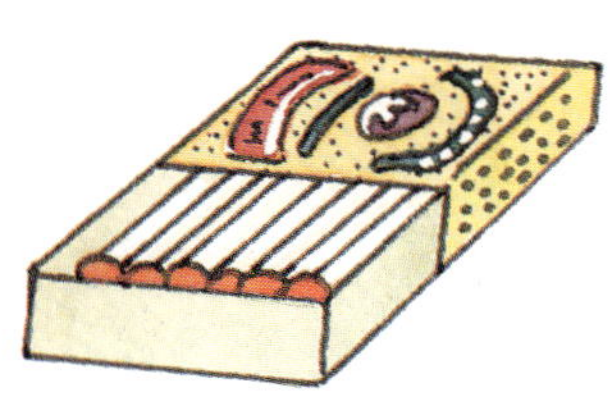

red [red]
the colour of a tomato (rot):
*Peter gave his mum a bunch of **red** roses.* Peter schenkte seiner Mama einen Strauß **roter** Rosen.

refrigerator [rɪ'frɪdʒəreɪtə]
a kind of cupboard for keeping food and drink cold
(der Kühlschrank):
*We have a large **refrigerator** in our kitchen.*
Wir haben einen großen **Kühlschrank** in unserer Küche.

refuse [rɪ'fjuːz]
to say that you will not do what someone has asked you to do
(ablehnen; sich weigern):
*Norman **refused** to help his mother in the garden.*
Norman **weigerte sich** seiner Mutter im Garten zu helfen.

remember [rɪ'membə]
1. to be able to think about something you have seen or done
(sich erinnern an):
*Do you **remember** the name of the white bear in the zoo?*
Erinnerst du **dich an** den Namen des weißen Bärs im Zoo?
2. not to forget (denken an):
***Remember** to return the books to the library.*
Denk daran die Bücher in die Bücherei zurückzubringen.

?

Do you use a rake or a razor when you are working in the garden?

A B C D E F G H I J K L M N O P Q R S T U V W X Y Z

remind [rɪ'maɪnd]
1. to make you remember something (erinnern an): *Mum **reminded** me to return the books to the library.* Mama **erinnerte** mich **daran** die Bücher in die Bücherei zurückzubringen.
2. to make you think of someone or something (erinnern an): *The thin man with the long neck **reminded** Helen **of** a giraffe.* Der dünne Mann mit dem langen Hals **erinnerte** Helen **an** eine Giraffe.

repair [rɪ'peə]
to make something all right again; to mend (reparieren): *The mechanic is **repairing** our car.* Der Mechaniker **repariert** unser Auto.

repeat [rɪ'piːt]
to say something again (wiederholen): *I didn't hear what you just said – could you **repeat** it, please?* Ich habe nicht gehört, was du gerade gesagt hast - könntest du es bitte **wiederholen**?

rescue ['reskjuː]
to save someone (retten): *The fireman **rescued** the little girl from the burning house.* Der Feuerwehrmann **rettete** das kleine Mädchen aus dem brennenden Haus.

rest [rest]
1. what is left when part of something is taken away (der Rest): *Sally only had a small piece of the cake and Norman ate the **rest**.* Sally aß nur ein kleines Stück von dem Kuchen und Norman aß den **Rest**.
2. a time when you are not doing anything (die Pause): *Rita is having a **rest** because she feels tired.* Rita macht eine **Pause**, weil sie müde ist.

rest [rest]
not to do anything (sich ausruhen): *Linda is **resting** after her long walk.* Linda **ruht sich** nach der langen Wanderung **aus**.

restaurant ['restərɒnt]
a place where people can go and eat meals (das Restaurant): *Mr and Mrs Brown are having dinner in an Italian **restaurant**.* Herr und Frau Brown essen in einem italienischen **Restaurant**.

result [rɪ'zʌlt]
1. the marks you get in a test (das Ergebnis): *Betty **got very good results** in her test.* Betty hat in der Klassenarbeit **sehr gut abgeschnitten.**
2. the answer to a sum (das Ergebnis): *Add 5, 7, 9 and 11 and write down the **result**.* Addiere 5, 7 und 11 und schreibe das **Ergebnis** auf.

return [rɪ'tɜːn]
1. to come back; to go back (zurückkommen): *Mr Lee **returns** from work at six o'clock.* Herr Lee **kommt** um sechs Uhr von der Arbeit **zurück**.
2. to give, send or put something back where it came from (zurückgeben): *Remember to **return** the books to Rita.* Denk daran Rita die Bücher **zurückzugeben**.

rhinoceros [raɪ'nɒsərəs]
a large, very heavy animal that has a thick skin and one or two horns on its nose (das Nashorn): ***Rhinoceroses** only eat plants.* **Nashörner** fressen nur Pflanzen.

ribbon ['rɪbən]
a long, narrow piece of cloth for tying your hair or other things (das Band): *Polly is tying a blue **ribbon** round the present.* Polly bindet ein blaues **Band** um das Geschenk.

rich [rɪtʃ]
having a lot of money; not poor (reich): *Mr Smith is a very **rich** man.* Herr Smith ist ein sehr **reicher** Mann.

riddle ['rɪdl]
a question that has a funny or clever answer (das Rätsel): *The answer to the **riddle** 'Which sand can you eat?' is: 'a sandwich'!* Die Lösung zu dem **Rätsel** 'Welchen Sand kann man essen?' lautet: 'ein Sandwich'.

ride [raɪd]
1. to travel on a horse or other animal (reiten): *Jim is learning to **ride** a horse.* Jim lernt **reiten**.

2. to travel on a bicycle or motorcycle (fahren): *Tim enjoys **riding** his bicycle.* Tim **fährt** gern Rad.

right [raɪt]
1. the same side as the hand that you use more; not left (rechts): *Most people write with their **right** hand.* Die meisten Leute schreiben mit der **rechten** Hand.
2. correct; not wrong (richtig): *Betty knew the **right** answer to the question.* Betty wusste die **richtige** Antwort auf die Frage.

ring [rɪŋ]
a small circle of metal that you wear on your finger (der Ring):
*On her birthday, Dad gave Mum a gold **ring**.*
Papa schenkte Mama einen goldenen **Ring** zum Geburtstag.

ring [rɪŋ]
1. to make a sound with a bell (klingeln, läuten):
*Kathy is **ringing** the doorbell.*
Kathy **klingelt**.
2. to call someone on the telephone (anrufen):
*Tim **rang** me yesterday.*
Tim hat mich gestern **angerufen**.

ripe [raɪp]
ready to be eaten (reif):
*A banana is **ripe** when it is yellow.*
Eine Banane ist **reif**, wenn sie gelb ist.

rise [raɪz]
to move upwards (aufsteigen; ansteigen; aufstehen):
*Smoke is **rising** from the chimney.*
Aus dem Kamin **steigt** Rauch **auf**.

river ['rɪvə]
a large stream of water that flows across the land (der Fluss):
*There are several bridges across this **river**.* Über diesen **Fluss** führen mehrere Brücken.

road [rəʊd]
a way for vehicles to travel on (die Straße): *There are a lot of cars on this **road**.* Auf dieser **Straße** fahren sehr viele Autos.

roar [rɔː]
to make a loud, deep noise (brüllen): *Lions **roar**.*
Löwen **brüllen**.

roast [rəʊst]
to cook in an oven or over a fire (braten): *Dad **roasted** the chicken on the barbecue.*
Papa hat das Hähnchen auf dem Grill **gebraten**.

robe [rəʊb]
a kind of very long, beautiful coat (das Gewand; die Robe):
*The king was wearing a purple **robe** and a golden crown.*
Der König trug ein purpurnes **Gewand** und eine goldene Krone.

robin ['rɒbɪn]
a small, brown bird that has red feathers on the front of its body (das Rotkehlchen):
*A **robin** is a songbird that breeds on the ground.*
Ein **Rotkehlchen** ist ein Singvogel, der am Boden brütet.

robot ['rəʊbɒt]
a machine that can move about and do certain kinds of work (der Roboter):
*In some modern factories most of the work is done by **robots**.*
In einigen modernen Fabriken wird die meiste Arbeit von **Robotern** geleistet.

rock [rɒk]
something very hard that the earth is made of (der Stein; der Felsbrocken):
*Harry and Toby are climbing over **rocks** by the sea.*
Harry und Toby klettern über **Felsbrocken** am Meer.

rock [rɒk]
to swing gently backwards and forwards or from side to side (schaukeln; wiegen):
*Kathy is **rocking** the baby in her cradle.* Kathy **wiegt** das Baby in der Wiege.

rocket ['rɒkɪt]
a long, narrow vehicle for travelling into space (die Rakete):
*When a **rocket** is launched it is sent into space.*
Wenn eine **Rakete** abgeschossen wird, dann wird sie ins Weltall geschickt.

roll [rəʊl]
1. a long piece of paper or plastic that is rolled up (die Rolle):
*Dave put a new **roll** of film into his camera.* Dave legte eine neue Film**rolle** in seine Kamera.
2. a small round bread that can be cut in half and filled with food (das Brötchen): *Billy had two ham **rolls** for lunch.* Billy aß zum Mittagessen zwei Schinken**brötchen**.

?

Which animal on these pages has a horn on its head?

____

roll [rəʊl]
to move by turning over and over (rollen):
*The ball is **rolling** down the hill.*
Der Ball **rollt** den Hang hinunter.

roller-skate [ˈrəʊlə skeɪt]
to move on shoes that each have four small wheels fixed to them, called roller-skates (Rollschuh fahren/laufen):
*Bobby is **roller-skating** along the path.*
Bobby **fährt mit seinen Rollschuhen** den Weg entlang.

roof [ruːf]
the part that goes across the top of a building (das Dach):
*Some houses have chimneys on their **roofs**.* Einige Häuser haben einen Kamin auf dem **Dach**.

room [ruːm]
1. one of the parts of a flat or house (das Zimmer, der Raum):
*Our house has five **rooms**: three bed**rooms**, a living-**room** and a dining **room**.*
Unser Haus hat fünf **Zimmer**: drei Schlaf**zimmer**, ein Wohn**zimmer** und ein Ess**zimmer**.
2. space (der Platz):
*In our car there is enough **room** for five people.*
In unserem Auto ist genug **Platz** für fünf Leute.

rope [rəʊp]
a very strong, thick string (das Seil): *The chimpanzees in the zoo can swing on **ropes**.*
Die Schimpansen im Zoo können an **Seilen** schaukeln.

rose [rəʊz]
a flower that has a sweet smell and thorns on its stem (die Rose):
*Mrs Lee grows pink and red **roses** in her garden.*
Frau Lee hat rosa und rote **Rosen** in ihrem Garten.

round [raʊnd]
1. shaped like a circle (rund):
*Coins are usually **round**.*
Münzen sind meistens **rund**.
2. shaped like a ball (rund):
*A cat has an almost **round** head.*
Eine Katze hat einen fast **runden** Kopf.
3. in a circle (im Kreis herum):
*A merry-go-round goes **round and round**.*
Ein Karussell fährt **immer im Kreis herum**.
4. on all sides of something (um ... herum):
*There is a hedge **round** the garden.*
Um den Garten **herum** verläuft eine Hecke.

row [rəʊ]
a line (die Reihe):
*Toby arranged the chairs in a **row**.*
Toby hat die Stühle in einer **Reihe** aufgestellt.

row [rəʊ]
to move a boat by using oars (rudern):
*Harry is **rowing** across the lake.*
Harry **rudert** über den See.

rubbish [ˈrʌbɪʃ]
things that you throw away (der Abfall; der Müll):
*We put all the **rubbish** in the dustbin.* Wir haben den ganzen **Abfall** in die Mülltonne geworfen.

rude [ruːd]
not polite (unhöflich):
*It is very **rude** to go to the front of a queue before it is your turn.*
Es ist sehr **unhöflich** an die Spitze einer Schlange zu gehen bevor man an der Reihe ist.

rug [rʌg]
1. a small blanket (die Decke):
*Granny sat in the armchair and covered her legs with a **rug**.*
Oma saß im Sessel und hatte eine **Decke** über die Beine gelegt.
2. a mat or small carpet (der Teppich; der Bettvorleger):
*This blue **rug** is made of cotton.*
Dieser blaue **Teppich** ist aus Baumwolle.

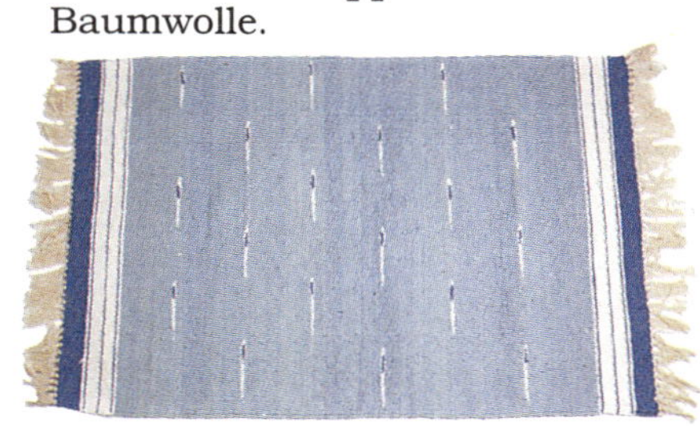

ruler [ˈruːlə]
a long, narrow piece of plastic or wood that helps you to draw straight lines (das Lineal):
*Peter is using his **ruler** to measure his desk.* Peter benutzt sein **Lineal** um seinen Schreibtisch auszumessen.

run [rʌn]
1. to move fast with leaping steps (rennen, laufen): *Norman can't **run** as fast as Tim.* Norman kann nicht so schnell wie Tim **rennen**.
2. to flow (laufen; fließen):
*Please don't leave the water **running** and turn off the tap.*
Bitte lass nicht das Wasser **laufen** und dreh den Hahn zu.

rush [rʌʃ]
to hurry; to go fast (hetzen; schnell bringen): *The ambulance is **rushing** a very ill man to hospital.* Der Krankenwagen **bringt** einen schwerkranken Mann **schnell** ins Krankenhaus.

Ss

sack [sæk]
a large bag made from cloth, plastic or strong paper (der Sack):
*This is a **sack** of potatoes.*
Das ist ein **Sack** Kartoffeln.

sad [sæd]
not happy (traurig):
*Billy is **sad** because his parents will not allow him to keep a pet hamster.* Bill ist **traurig**, weil seine Eltern ihm nicht erlauben, dass er einen Hamster hält.

saddle ['sædl]
a kind of seat on a horse, bicycle or motorcycle (der Sattel):
*When you ride a horse you sit in a **saddle**.* Wenn man reitet sitzt man in einem **Sattel**.

sail [seɪl]
a sheet of strong cloth that is fixed to a tall pole on a boat (das Segel):
*This sailing boat has a large white **sail**.* Dieses Segelboot hat ein großes weißes **Segel**.

sail [seɪl]
1. to move across water (fahren): *The ship **sailed** across the Atlantic Ocean.*
Das Schiff **fuhr** über den Atlantischen Ozean.
2. to move a boat with sails across water (segeln mit):
*Let's **sail** the boat to the other side of the lake.*
Segeln wir **mit** dem Boot zur anderen Seite des Sees.

salad ['sæləd]
any cold dish of vegetables or fruit (der Salat):
*Mum made a mixed **salad** with cucumber and tomatoes.*
Mama machte einen gemischten **Salat** mit Gurke und Tomaten.

sale [seɪl]
1. the selling of something (der Verkauf): *You can buy something that is '**for sale**'.*
Wenn etwas '**zu verkaufen**' ist, dan kann man es auch kaufen.
2. the selling of things at cheap prices (der Ausverkauf; der Schlussverkauf): *A lot of shops are having a **sale** this week.*
Diese Woche haben viele Geschäfte einen **Ausverkauf**.

salesman ['seɪlzmən]
a man whose job it is to sell things (der Verkäufer; der Vertreter):
*Tim's father is a car **salesman**.*
Tims Vater ist ein Auto**verkäufer**.

salt [sɔːlt]
a white powder that you add to food to give it a stronger taste (das Salz):
*Sally is putting some **salt** on her noodles.*
Sally streut etwas **Salz** auf ihre Nudeln.

same [seɪm]
not different (gleich):
*Rita is in **the same** class as Helen and they are of **the same** age.*
Rita ist in der **gleichen** Klasse wie Helen und sie sind **gleich** alt.

sandal ['sændl]
a light shoe that is made with narrow pieces of leather, plastic or cloth (die Sandale):
*Mandy got a new pair of green **sandals**.*
Mandy hat ein neues Paar grüner **Sandalen** bekommen.

sandwich ['sænwɪdʒ]
two slices of bread with some food in between (das Sandwich):
*Mum made us some cheese **sandwiches** for our picnic.*
Mama machte uns ein paar Käse-**Sandwiches** für unser Picknick.

?

Do you buy cheap sandals at a sail or a sale?

sauce [sɔːs]
a thick liquid that you pour over food to make it taste better (die Soße): *Andy loves spaghetti with tomoato **sauce**.*
Andy isst sehr gern Spaghetti mit Tomaten**soße**.

saucepan ['sɔːspən]
a deep pan with a long handle (der Topf mit Stiel):
*Mrs Lee put the **saucepan** on the cooker to heat the soup.* Frau Lee stellte den **Topf** auf den Herd um die Suppe warm zu machen.

saucer ['sɔːsə]
a small dish for putting a cup on (der Unterteller, die Untertasse):
*Polly put two cups and **saucers** and the coffee-pot on the table.*
Polly stellte zwei Tassen mit **Unterteller** und die Kaffeekanne auf den Tisch.

sausage ['sɒsɪdʒ]
finely chopped meat that is made into a long shape like a finger (die Wurst):
*Norman likes fried **sausages**.*
Norman isst gern Brat**würste**.

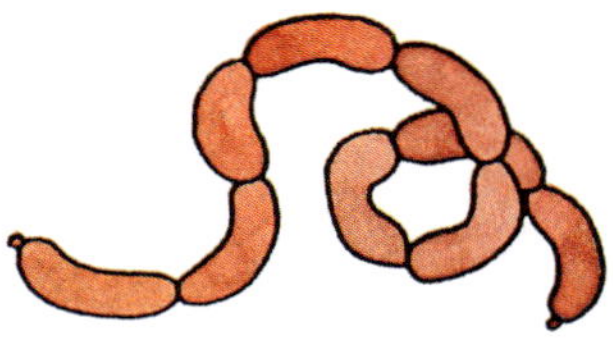

save [seɪv]
1. to keep money so that you can buy something later (sparen):
*Tim is **saving** up enough money to buy a pair of inline skates.*
Tim **spart** genug Geld um sich ein Paar Inlineskates zu kaufen.
2. to bring someone out of danger; to rescue (retten):
*The fireman **saved** the little girl from the fire.*
Der Feuerwehrmann **rettete** das kleine Mädchen vor dem Feuer.

savings ['seɪvɪŋz]
the money that you have saved (die Ersparnisse): *Mrs Lee keeps all her **savings** in the bank.*
Frau Lee hat ihre ganzen **Ersparnisse** auf der Bank.

saw [sɔː]
to cut wood with a tool, called a **saw**, that has a long blade with an edge like a row of sharp teeth (sägen):
*Uncle Bob is **sawing** the piece of wood in two.* Onkel Bob **sägt** das Stück Holz entzwei.

scale [skeɪl]
one of the small, thin, flat pieces that cover the bodies of fish, snakes, crocodiles and other animals (die Schuppe):
*Mum usually takes the **scales** off fish before cooking them.*
Mama entfernt meistens die **Schuppen** bevor sie die Fische kocht.

scarf [skɑːf]
a long, narrow or square piece of cloth that you wear round your neck or over your head (der Schal; das Tuch):
*Mum and Granny are both wearing silk **scarves**.*
Mama und Oma tragen beide Seiden**schals**.

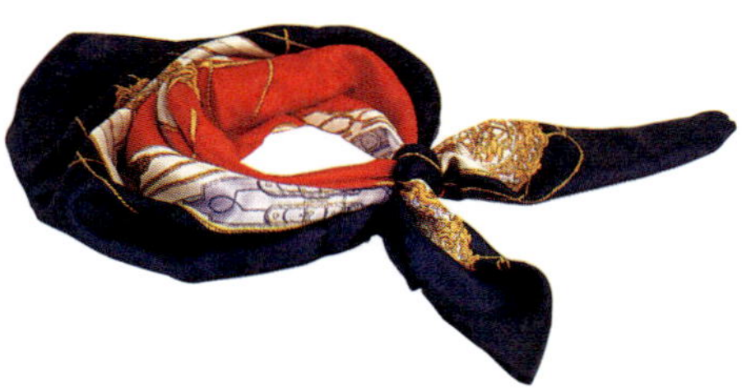

school [skuːl]
a building where teachers teach children (die Schule):
***At school** we learn to read and write and lots of other things.*
In der Schule lernen wir lesen und schreiben und viele andere Dinge.

scissors ['sɪzəz]
a tool with two blades that you use for cutting (die Schere):
*Polly is cutting a piece of paper in half with **a pair of scissors**.*
Polly schneidet mit **einer Schere** ein Blatt Papier entzwei.

scold [skəʊld]
to speak angrily to someone because they have done something wrong (ausschimpfen, ausschelten):
*The teacher **scolded** Jim for not doing his homework.*
Der Lehrer hat Jim **ausgeschimpft**, weil er seine Hausaufgaben nicht gemacht hatte.

scratch [skrætʃ]
1. to cut your skin by rubbing something sharp against it (zerkratzen):
*The cat **scratched** my hand with its claws.*
Die Katze hat meine Hand mit ihren Krallen **zerkratzt**.
2. to rub your skin with your fingernails to stop it itching (sich kratzen): *Tim is **scratching** his arm because a mosquito has bitten him.* Tim **kratzt sich** am Arm, weil ihn eine Stechmücke gestochen hat.

scream [skriːm]
to cry very loudly (schreien):
*Mandy **screamed** when she saw a spider on her arm.*
Mandy **schrie**, als sie eine Spinne auf ihrem Arm sah.

screw [skruː]
1. to fix something with small, sharp metal pieces, called screws, that are turned round and round with a screwdriver
(schrauben an):
*Uncle Roy is **screwing** the shelf to the wall.*
Onkel Roy **schraubt** das Regal **an** die Wand.

2. to fix something by twisting it (schrauben):
*Please **screw** the lid back on to the jar.* **Schraube** bitte den Deckel wieder auf das Glas.

screwdriver ['skruːdraɪvə]
a tool for turning screws
(der Schraubenzieher):
*Uncle Roy is using a big **screwdriver** to put in the screws.*
Onkel Roy benutzt einen großen **Schraubenzieher** um die Schrauben festzuziehen.

scrub [skrʌb]
to clean something by rubbing it hard (schrubben):
*Kathy is **scrubbing** the kitchen floor with a scrubbing brush.*
Kathy **schrubbt** den Küchenboden mit einer Scheuerbürste.

sea [siː]
the salt water that covers most of the earth (das Meer):
*Many fish and other **sea** animals live in the **sea**.*
Im **Meer** leben viele Fische und andere **Meeres**tiere.

seagull ['siːgʌl]
a large, white or grey seabird
(die Möwe): *A **seagull** can make a lot of noise.* Eine **Möwe** kann viel Lärm machen.

seal [siːl]
a large sea animal that swims about in the sea most of the time
(der Seehund):
***Seals** eat fish.*
Seehunde fressen Fische.

seaside ['siːsaɪd]
a place beside the sea
(am Meer; See-):
*We spent our summer holiday **at the seaside**.* Wir verbrachten unsere Sommerferien **am Meer**.

season ['siːzn]
one of the four parts of the year
(die Jahreszeit):
*The four **seasons** are spring, summer, autumn and winter.*
Die vier **Jahreszeiten** sind Frühling, Sommer, Herbst und Winter.

seat [siːt]
a thing for sitting on, such as a chair, stool, sofa or bench
(der Sitz; der Sitzplatz):
*Sandra and Harry are sitting in the back **seat** of the car.*
Sandra und Harry sitzen auf dem Rück**sitz** des Autos.

seat-belt ['siːtbelt]
a kind of belt made of strong cloth that is fixed to a seat in a car or aeroplane
(der Sicherheitsgurt):
*Harry is fastening his **seat-belt** to keep him from being thrown out of his seat if there is an accident.*
Harry legt seinen **Sicherheitsgurt** an, damit er bei einem Unfall nicht aus seinem Sitz geschleudert wird.

seaweed ['siːwiːd]
a plant that grows in the sea
(der Seetang):
*You can eat some kinds of **seaweed**.*
Man kann einige Arten von **Seetang** essen.

secret ['siːkrət]
not known to other people; hidden from other people (geheim):
*In the story, the pirates had buried the treasure in a **secret** place on an island.*
In der Geschichte hatten die Piraten den Schatz an einem **geheimen** Ort auf einer Insel vergraben.

?

Find three tools on these two pages.

see [siː]
1. to notice something with your eyes (sehen):
*Can you **see** the two snails in the grass?*
Kannst du die zwei Schnecken im Gras **sehen**?
2. to watch (sehen):
*I have **seen** this film before.*
Ich habe diesen Film schon einmal **gesehen**.
3. to visit (besuchen):
*Aunt Mary is coming to **see** us tomorrow.*
Tante Mary **besucht** uns morgen.

seed [siːd]
a small hard thing in a plant that can grow into a new plant
(der Samen):
*You can find lots of **seeds** in fruit.*
Im Obst kann man viele **Samen** finden.

see-saw ['siːsɔː]
a long flat piece of wood or metal that is fixed in the middle and has a seat on each end, so that when two people sit on it they can go up and down
(die Wippe):
*Paul and Sally are playing on the **see-saw** in the playground.*
Paul und Sally spielen auf der **Wippe** auf dem Spielplatz.

seldom ['seldəm]
not often (selten): *Our teacher is very kind and she **seldom** gets angry.* Unsere Lehrerin ist sehr nett und sie wird nur **selten** böse.

self-service [self'sɜːvɪs]
serving yourself with food or other things (die Selbstbedienung):
*Mr Smith is having his lunch in a **self-service** restaurant.*
Herr Smith isst in einem **Selbstbedienungs**restaurant zu Mittag.

sell [sel]
to give something to someone for money (verkaufen):
*Tim's father **sells** cars.*
Tims Vater **verkauft** Autos.

send [send]
1. to get something delivered to someone (schicken, senden):
*Aunt Susan **sent** Andy a parcel for his birthday.*
Tante Susan **schickte** Andy zum Geburtstag ein Paket.
2. to tell someone to go somewhere (schicken):
*Mum **sent** Harry to the baker's to buy a loaf of bread.*
Mama **schickte** Harry zum Bäcker um ein Brot zu kaufen.

serious ['sɪərɪəs]
1. very bad (schwer, ernst):
*Flu can be a **serious** illness.*
Eine Grippe kann eine **schwere** Krankheit sein.
2. not joking (im Ernst):
***Are you serious** about wanting a bat as a pet?*
Ist das dein Ernst, dass du eine Fledermaus als Haustier haben möchtest?
3. quiet; not laughing a lot (ernst, ernsthaft):
*Betty is a **serious** and hardworking girl.* Betty ist ein **ernstes** und fleißiges Mädchen.

serve [sɜːv]
1. to give people food and drink (servieren):
*Kathy is **serving** orange juice to her friends.* Kathy **serviert** ihren Freundinnen Orangensaft.
2. to help people in a shop (bedienen):
*A salesgirl's job is to **serve** people who want to buy things.*
Eine Verkäuferin **bedient** Leute, die etwas kaufen wollen.

set [set]
a group of things that belong together
(das Set; der Kasten; die Garnitur; das Service):
*This **set** of crayons contains 16 crayons of different colours.*
Dieses **Set** Wachsmalstifte enthält 16 verschiedenfarbige Wachsmalstifte.

several ['sevrəl]
more than two, but not very many; some (einige, mehrere):
*Harry has **several** toy cars.*
Harry hat **einige** Spielzeugautos.

sew [səʊ]
to use a needle and thread (nähen): *Granny is **sewing** the button onto the shirt.* Oma **näht** den Knopf an das Hemd.

shade [ʃeɪd]
a place that is not in the sun
(der Schatten):
*The dog is sitting **in the shade**.*
Der Hund sitzt **im Schatten**.

shadow ['ʃædəʊ]
a dark shape on the ground or on a wall that is made when someone or something stands in front of a light
(der Schatten):
*Your **shadow** is long early in the morning and in the evening.*
Früh morgens und abends ist dein **Schatten** lang.

shallow ['ʃæləʊ]
not deep (flach, seicht):
*Andy must stay in **shallow** water because he can't swim yet.*
Andy muss im **flachen** Wasser bleiben, weil er noch nicht schwimmen kann.

shame [ʃeɪm]
a bad feeling you get when you have done something wrong
(die Scham; die Schande):
*Tim **was full of shame** because he had lied to his mother.*
Tim **schämte sich sehr**, weil er seine Mutter angelogen hatte.

shampoo [ʃæm'puː]
a thick liquid that you use for washing your hair (das Shampoo):
*Kathy washes her hair with a mild **shampoo**.* Kathy wäscht sich mit einem milden **Shampoo** das Haar.

shape [ʃeɪp]
the form that something has (die Form): *A circle, a cone, a triangle, a square and a rectangle have different **shapes**.*
Ein Kreis, ein Kegel, ein Dreieck, ein Quadrat und ein Rechteck haben verschiedene **Formen**.

share [ʃeə]
1. to use something together with other people (teilen):
*Peter **shares** his bedroom with his little brother.*
Peter **teilt** sein Zimmer mit seinem kleinen Bruder.
2. to divide something between two or more people (aufteilen):
*Mandy and Linda **shared** the sweets between themselves.*
Mandy und Linda **teilten** die Süßigkeiten untereinander **auf**.

shark [ʃaːk]
a large, fierce fish that has sharp teeth (der Hai):
*Some **sharks** attack people swimming in the sea.*
Einige **Haie** greifen Menschen an, die im Meer schwimmen.

sharp [ʃaːp]
1. having a very thin edge that cuts well; not blunt (scharf):
*This knife is very **sharp**.*
Dieses Messer ist sehr **scharf**.
2. having a narrow point (spitz):
*This pencil is almost as **sharp** as a needle.*
Dieser Bleistift ist fast so **spitz** wie eine Nadel.

shed [ʃed]
a hut or small building that is used for storing things in
(der Schuppen):
*The gardener keeps his tools in a small **shed**.*
Der Gärtner bewahrt seine Geräte in einem kleinen **Schuppen** auf.

sheep [ʃiːp]
a farm animal that is kept for its wool, its skin and its meat
(das Schaf):
***Sheep** eat grass all day long.*
Schafe fressen den ganzen Tag über Gras.

sheet [ʃiːt]
1. a large piece of cloth that is put on a bed, under the other covers
(das Betttuch, das Bettlaken):
*Mum put clean **sheets** on the beds.* Mama hat die Betten mit frischen **Betttüchern** bezogen.
2. a large, thin, flat piece of something
(das Blatt):
*Peter is drawing a giraffe on a big **sheet** of paper.*
Peter zeichnet auf einem großen **Blatt** Papier eine Giraffe.

shelf [ʃelf]
a long flat piece of wood or metal that is fixed to a wall or fixed inside a cupboard, and is used for keeping things on
(das Brett, das Bord):
*Linda can't reach the books on the top **shelf** of the bookcase.*
Linda kann die Bücher auf dem obersten **Brett** des Bücherregals nicht erreichen.

?

Do you take a seed or a seat when you sit down?

____

A B C D E F G H I J K L M N O P Q R S T U V W X Y Z

shell [ʃel]
1. the hard outer part of an egg or a nut (die Schale):
*The **shells** of chickens' eggs are white or brown.*
Die **Schalen** von Hühnereiern sind weiß oder braun.

2. the hard outer part of small, soft sea animals (die Muschel):
*Tim found some beautiful **shells** on the beach.*
Tim hat am Strand einige schöne **Muscheln** gefunden.
3. the hard back of a snail or tortoise (das Schneckenhaus; der Panzer): *A snail can hide inside its **shell**.* Eine Schnecke kann sich in ihrem **Schneckenhaus** verstecken.

shepherd [ˈʃepəd]
a person whose job it is to look after sheep (der Schäfer):
*The **shepherd** gathered in the flock of sheep with the help of his three sheepdogs.* Der **Schäfer** trieb die Schafe mit Hilfe seiner drei Hütehunde zusammen.

shield [ʃiːld]
a broad piece of metal or wood that soldiers used to carry to protect themselves from arrows and swords (der Schild):
*Soldiers held their **shields** in front of their bodies.* Die Soldaten hielten ihre **Schilder** vor dem Körper.

ship [ʃɪp]
a large boat (das Schiff):
*There are 700 passengers on board the **ship**.* An Bord des **Schiffes** sind 700 Passagiere.

shirt [ʃɜːt]
a light piece of clothing that a boy or man wears on the upper part of his body (das Hemd):
*Peter is wearing a **shirt** with short sleeves.* Peter trägt ein **Hemd** mit kurzen Ärmeln.

shoe [ʃuː]
a piece of clothing for your foot, often made of leather
(der Schuh):
*Sandra has a new pair of **shoes**.*
Sandra hat ein neues Paar **Schuhe**.

shoot [ʃuːt]
1. to use a gun or a bow (schießen):
*Andy **shot** an arrow at the apple.*
Andy **schoss** einen Pfeil nach dem Apfel.
2. to hurt or kill with a bullet or arrow (anschießen; erschießen):
*The hunter **shot** a deer with his gun.*
Der Jäger **erschoss** mit seinem Gewehr einen Hirsch.

shop [ʃɒp]
1. a place where you can buy things (der Laden, das Geschäft):
*This **shop** sells all kinds of toys.*
In diesem **Laden** gibt es alle Arten von Spielzeug.
2. to go to shops and buy things (einkaufen):
*Tim doesn't like going **shopping**.*
Tim geht nicht gern **einkaufen**.

short [ʃɔːt]
1. not long (kurz):
*Norman's trousers are too **short**.*
Normans Hose ist zu **kurz**.
2. not lasting long (kurz):
*Harry finished his sandwiches in a very **short** time.*
Harry hat seine Sandwiches in ganz **kurzer** Zeit aufgegessen.

shorts [ʃɔːts]
short trousers that don't cover your knees
(die Shorts, die kurze Hose):
*Dave is wearing red **shorts**.*
Dave trägt rote **Shorts**.

shoulder [ˈʃəʊldə]
the part of your body between your neck and the upper part of your arm (die Schulter):
*Mrs Lee is wearing a silk scarf round her **shoulders**.*
Frau Lee trägt einen Seidenschal um die **Schultern**.

shout [ʃaʊt]
to talk very loudly; to say something very loudly (schreien; rufen):
*Mum **shouted** to Harry that lunch was ready.* Mama **rief** Harry, dass das Mittagessen fertig war.

show [ʃəʊ]
1. to let someone see something (zeigen):
*The salesgirl is **showing** Kathy some shoes.* Die Verkäuferin **zeigt** Kathy einige Schuhe.
2. to point to someone or something (zeigen):
***Show** me the pair of shoes that you like best.*
Zeig mir die Schuhe, die dir am besten gefallen.
3. to teach someone how to do something (zeigen):
*Rita **showed** Andy how to use a calculator.*
Rita **zeigte** Andy wie man einen Taschenrechner benutzt.

show [ʃəʊ]
something that you can watch in a theatre or on television
(die Show; die Vorstellung; die Aufführung):
*Did you see the music **show** on television last night?*
Hast du gestern Abend die Musik**show** im Fernsehen gesehen?

shower [ˈʃaʊə]
1. a place where you wash yourself standing under thin streams of water
(die Dusche):
*We have a bath and a **shower** in our bathroom.*
Wir haben eine Badewanne und eine **Dusche** in unserem Bad.
2. to have a shower: to wash yourself under a shower
(duschen):
*Dave **is having a shower**.*
Dave **duscht** gerade.

shut [ʃʌt]
to move a door, window or drawer so that it is no longer open;
to close (zumachen):
*Kathy has **shut** the window to stop the rain getting in.*
Kathy hat das Fenster **zugemacht**, damit es nicht hereinregnet.

sick [sɪk]
1. ill (krank):
*Norman is **sick** and has to stay in bed.* Norman ist **krank** und muss im Bett bleiben.

2. to be sick: to bring up food out of your mouth from your stomach
(brechen, sich übergeben):
*Billy **was sick** because he had eaten too much ice-cream.*
Billy musste **brechen**, weil er zu viel Eis gegessen hatte.

side [saɪd]
1. the left or right of something or someone (die Seite):
*On the left **side** of the house is a garage.* Auf der linken **Seite** des Hauses steht eine Garage.
2. the left, right, back, front, top or bottom of something
(die Seite):
*A dice has six equal **sides**.* Ein Würfel hat sechs gleiche **Seiten**.

sign [saɪn]
1. a movement you make to tell someone something (das Zeichen):
*Putting your hand behind your ear is a **sign** that you can't hear.*
Wenn man die Hand hinter das Ohr legt, so ist das ein **Zeichen**, dass man nichts hören kann.
2. a mark that means something
(das Zeichen):
*+ is the **sign** for adding.*
+ ist das **Zeichen** für addieren.
3. a piece of metal or plastic with words or pictures on it
(das Schild):
*The **sign** is saying that cars may not park here.*
Auf dem **Schild** steht, dass hier keine Autos parken dürfen.

sign [saɪn]
to write your name
(unterschreiben):
*Mrs Brown typed a letter and **signed** it with her pen.*
Frau Brown tippte einen Brief und **unterschrieb** ihn mit ihrem Füller.

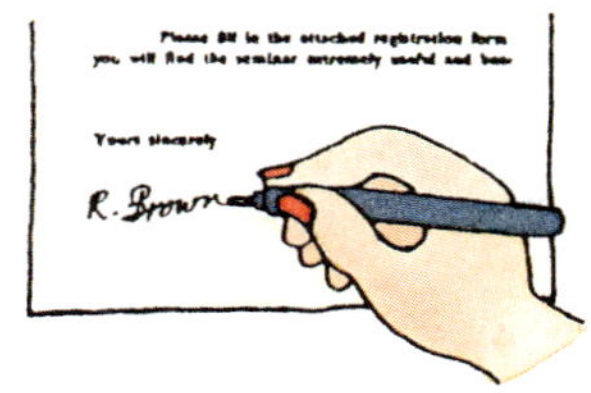

silent [ˈsaɪlənt]
not speaking (still):
*The teacher told the children to be **silent**.* Die Lehrerin sagte den Kindern sie sollten **still** sein.

sing [sɪŋ]
to make tunes with your voice
(singen): *The children **sang** a Scottish song.* Die Kinder **sangen** ein schottisches Lied.

sink [sɪŋk]
1. a kind of large bowl with taps in a kitchen (das Spülbecken):
*Sally is washing the dishes in the **sink**.*
Sally spült das Geschirr im **Spülbecken**.
2. to go down in water; not to float (sinken):
*The boat **sank** because there was a hole in its side.*
Das Boot **sank**, weil in der Seitenwand ein Loch war.

sister [ˈsɪstə]
a girl or woman who has the same parents as you do
(die Schwester):
*Sandra is Harry's **sister**.*
Sandra ist Harrys **Schwester**.

?

Find three things that you wear on these two pages.

A B C D E F G H I J K L M N O P Q R S T U V W X Y Z

sit [sɪt]
to rest on your bottom (sitzen):
*Mrs Lee is **sitting** again on the park bench she **sat** yesterday.*
Frau Lee **sitzt** wieder auf der Parkbank, auf der sie gestern **saß**.

size [saɪz]
1. how big or small something is (die Größe; so groß wie):
*The huge dog was almost **the size of** a calf.* Der riesengroße Hund war fast **so groß wie** ein Kalb.
2. a certain size in clothes or shoes (die Größe):
*These trousers are too big for Andy – he needs a smaller **size**.*
Diese Hose ist für Andy zu groß - er braucht eine kleinere **Größe**.

skate [skeɪt]
to move about on ice wearing boots, called **skates**, that have a long thin piece of steel fixed underneath them (Schlittschuh laufen):
*The children are **skating** on the frozen pond.*
Die Kinder **laufen** auf dem gefrorenen Teich **Schlittschuh**.

ski [skiː]
to move on snow wearing long, flat, narrow pieces of wood or plastic, called **skis**, that are fixed to your boots (Ski fahren, Ski laufen):
*Mike is learning how to **ski**.*
Mike lernt **Ski fahren**.

skin [skɪn]
1. something that covers the whole of your body (die Haut):
*Harry's **skin** is red because he was in the sun for too long.*
Harrys **Haut** ist rot, weil er zu lange in der Sonne war.
2. something that covers a fruit or vegetable (die Haut; die Schale):
*Peaches have a thin, soft **skin**.*
Pfirsiche haben eine dünne, weiche **Haut**.

skip [skɪp]
1. to go along, hopping from one foot to the other (hüpfen):
*The girls **skipped** round the room in time to music.*
Die Mädchen **hüpften** nach der Musik im Zimmer herum.
2. to jump over a rope that you turn under your feet and over your head (seilhüpfen):
*Polly likes **skipping**.*
Polly mag **seilhüpfen**.

skirt [skɜːt]
a piece of clothing for girls and women that hangs down from the waist (der Rock):
*Mrs Brown is wearing a blue **skirt**.*
Frau Brown trägt einen blauen **Rock**.

sky [skaɪ]
the space above the earth, where you can see the sun, the moon and the stars (der Himmel):
*An aeroplane is flying high in the **sky**.*
Ein Flugzeug fliegt hoch am **Himmel**.

sleep [sliːp]
to rest your body by lying down and closing your eyes, so that you don't feel anything (schlafen):
*Last night Andy **slept** for twelve hours.*
Letzte Nacht hat Andy zwölf Stunden **geschlafen**.

sleeve [sliːv]
the part of a piece of clothing that covers your arm (der Ärmel):
*Polly is wearing a dress with short **sleeves**.*
Polly trägt ein Kleid mit kurzen **Ärmeln**.

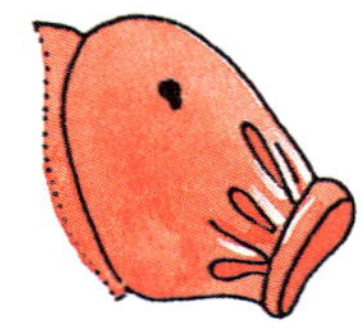

slice [slaɪs]
a thin, flat piece cut from something (die Scheibe):
*You need two **slices** of bread to make yourself a sandwich.* Man braucht zwei **Scheiben** Brot um sich ein Sandwich zu machen.

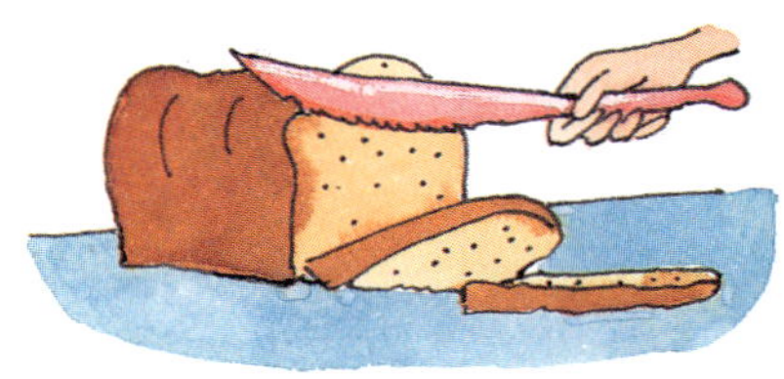

slide [slaɪd]
1. a long, smooth piece of metal that is set up in a playground for children to slide down (die Rutsche):
*This **slide** is very long and fast.*
Diese **Rutsche** ist sehr lang und schnell.
2. to move smoothly over something (rutschen):
*The wet soap **slid** out of my hand and across the floor.*
Die nasse Seife **rutschte** mir aus der Hand und über den Boden.

slip [slɪp]
to slide and fall down (ausrutschen):
*The clown **slipped** on the banana skin.* Der Clown ist auf einer Bananenschale **ausgerutscht**.

slipper ['slɪpə]
a soft, comfortable shoe that you wear indoors (der Hausschuh):
*When Betty comes home she puts on her **slippers**.*
Wenn Betty nach Hause kommt, zieht sie ihre **Hausschuhe** an.

slippery ['slɪprɪ]
so smooth or wet that it is difficult to walk on or hold (glatt, rutschig; glitschig):
*Wet soap is **slippery**.*
Nasse Seife ist **glitschig**.

slow [sləʊ]
1. taking a long time; not fast (langsam): *This train is so **slow** because it stops at every station.* Dieser Zug ist so **langsam**, weil er überall hält.
2. to be slow: to show a time earlier than the correct time (nachgehen): *My watch **is** two minutes **slow**.* Meine Uhr **geht** zwei Minuten **nach**.

small [smɔːl]
not big (klein):
*This shirt is too **small** for Tim.*
Dieses Hemd ist zu **klein** für Tim.

smart [smɑːt]
1. neat and nice (schick):
*Mrs Lee is looking **smart** in her blue suit.* Frau Lee sieht in ihrem blauen Kostüm **schick** aus.
2. clever; able to understand things quickly (schlau):
*Peter is a **smart** boy.*
Peter ist ein **schlauer** Junge.

smell [smel]
1. to notice something through your nose (riechen):
*Linda is asking Andy whether he can **smell** what kind of flower this is.*
Linda fragt Andy, ob er **riechen** kann, welche Art von Blume das ist.

2. to give off something that you can smell
(riechen):
*My hands **smell of** soap.*
Meine Hände **riechen nach** Seife.

smoke [sməʊk]
1. the clouds of gas and black dust that go up into the air from something that is burning
(der Rauch):
*There is a lot of **smoke** coming out of the factory chimney.*
Aus dem Fabrikschornstein kommt sehr viel **Rauch**.
2. to have a burning cigarette, cigar or pipe in your mouth, and take in the smoke from it
(rauchen):
*Mr Brown is **smoking** a pipe.*
Herr Brown **raucht** eine Pfeife.

snack [snæk]
a small, quick meal
(der Snack, der Imbiss):
*In a **snack** bar you can buy drinks and **snacks**, such as sandwiches or hamburgers.*
In einer **Snack**bar kann man Getränke und **Snacks** wie Sandwiches oder Hamburger kaufen.

snail [sneɪl]
a very small animal that has a soft body covered by a shell
(die Schnecke):
*A **snail** moves very slowly along the ground.*
Eine **Schnecke** kriecht sehr langsam den Boden entlang.

snake [sneɪk]
a long, thin animal that has no legs and moves along the ground by twisting its body
(die Schlange):
*Some **snakes**, such as cobras, kill other animals with their poison.*
Einige **Schlangen**, wie zum Beispiel Kobras, töten andere Tiere mit ihrem Gift.

sneeze [sniːz]
to blow air out of your nose with a loud noise (niesen):
*Billy is **sneezing** a lot because he has a cold.*
Billy muss viel **niesen**, da er eine Erkältung hat.

sniff [snɪf]
to breathe in air quickly several times when you are trying to smell something (schnuppern):
*The dog **sniffed** at the rabbit.*
Der Hund **schnupperte** an dem Kaninchen.

?

Do you sneeze or sniff when you are trying to smell something?

____

snore [snɔː]
to make a loud noise at the back of your throat when you are asleep (schnarchen):
Grandad fell asleep in his armchair and started to ***snore****.*
Opa schlief in seinem Sessel ein und fing an zu **schnarchen**.

snow [snəʊ]
tiny, soft, white pieces of frozen water, called **snowflakes**, that fall from the sky in very cold weather (der Schnee; Schnee-):
There was a lot of ***snow*** *outside, so the children made a* ***snow****man out of three large* ***snow****balls.*
Draußen lag viel **Schnee** und so bauten die Kinder aus drei großen **Schnee**bällen einen **Schnee**mann.

soap [səʊp]
something that you use with water for washing yourself (die Seife; Seifen-):
The ***soap*** *smells of roses.*
Die **Seife** riecht nach Rosen.

sock [sɒk]
a piece of clothing that covers your foot and ankle (die Socke, der Socken):
There is a hole in one of Patrick's yellow ***socks****.* In einem von Patricks gelben **Socken** ist ein Loch.

sofa ['səʊfə]
a long, soft seat with a back and arms (das Sofa):
There is a blue ***sofa*** *in the living-room.* Im Wohnzimmer steht ein blaues **Sofa**.

soft [sɒft]
1. not hard (weich; zart):
A ripe banana is ***soft****.*
Eine reife Banane ist **weich**.
2. smooth and nice to touch (weich):
The fur of a rabbit feels ***soft****.*
Das Fell eines Kaninchen fühlt sich **weich** an.
3. quiet; not loud (leise):
Helen has a ***soft*** *voice.*
Helen hat eine **leise** Stimme.

soldier ['səʊldʒə]
a man who is in the army (der Soldat):
This ***soldier*** *is practising shooting.*
Dieser **Soldat** macht gerade Schießübungen.

solid ['sɒlɪd]
hard; not liquid (fest):
Butter is ***solid*** *when it is cold.*
Butter ist **fest**, wenn sie kalt ist.

son [sʌn]
a male child (der Sohn)
Paul is the ***son*** *of Mr and Mrs Brown.* Paul ist der **Sohn** von Herrn und Frau Brown.

song [sɒŋ]
a piece of music with words for singing (das Lied):
The children are singing a ***song*** *for Polly on her birthday.*
Die Kinder singen Polly zu ihrem Geburtstag ein **Lied**.

sorry ['sɒrɪ]
1. you say **I am sorry** when you have done something wrong (es tut mir Leid):
I am sorry *for breaking the vase.*
Es tut mir Leid, dass ich die Vase kaputtgemacht habe.
2. you use **sorry** when you ask people to repeat what they have just said (Entschuldigung!):
Sorry*, what did you say?*
Entschuldigung, was haben Sie gesagt?
3. sad (bemitleiden; traurig sein):
Everybody ***is sorry for*** *Mike because he has to go to hospital.*
Alle **bemitleiden** Mike, weil er ins Krankenhaus muss.

sound [saʊnd]
something that you can hear (der Klang; das Geräusch; der Ton):
Granny does not like the ***sound*** *of Harry's trumpet.*

Oma mag nicht den **Klang** von Harrys Trompete.

soup [suːp]
a hot liquid that you eat with a spoon (die Suppe): *Peter is eating a bowl of chicken* ***soup****.* Peter isst eine Schüssel Hühner**suppe**.

sour ['saʊə]
not sweet (sauer):
A lemon tastes very ***sour****.*
Eine Zitrone schmeckt sehr **sauer**.

spade [speɪd]
a tool with a broad, flat piece of metal and a long handle that is used for digging (der Spaten):
Uncle Bob is digging a deep hole with his ***spade.***
Onkel Bob gräbt mit seinem **Spaten** ein tiefes Loch.

sparrow ['spærəʊ]
a small brown bird (der Spatz, der Sperling):
Sandra is feeding the ***sparrows*** *in the park with dry bread.*
Sandra füttert die **Spatzen** im Park mit trockenem Brot.

speak [spi:k]
to say words; to talk (sprechen; sagen):
"Hello, could I ***speak*** *to Sally, please?"* "Hallo, kann ich bitte Sally **sprechen**?

spear [spɪə]
a long, straight stick with a sharp point that is thrown as a weapon (der Speer): *The hunters attacked the rhinoceros with* ***spears.***
Die Jäger griffen das Rhinozeros mit **Speeren** an.

spectacles ['spektəklz]
something that you wear over your eyes to help you see better (die Brille):
Mr Brown needs ***spectacles*** *to read.*
Herr Brown braucht zum Lesen eine **Brille**.

spell [spel]
to say or write the letters of a word in the correct order (buchstabieren; richtig schreiben):
Machine is ***spelt*** *M-A-C-H-I-N-E.*
Maschine wird M-A-S-C-H-I-N-E **buchstabiert**.

spend [spend]
1. to use up money (ausgeben):
Mike has ***spent*** *all his money on popcorn and ice-cream.*
Mike hat sein ganzes Geld für Popcorn und Eis **ausgegeben**.
2. to pass time (verbringen):
We ***spent*** *Sunday afternoon at the zoo.* Wir haben den Sonntagnachmittag im Zoo **verbracht**.

spider ['spaɪdə]
a very small animal that has eight legs and no wings (die Spinne):
A ***spider*** *spins a web to catch insects.* Eine **Spinne** spinnt ein Netz um Insekten zu fangen.

spill [spɪl]
to pour out a liquid by mistake (verschütten):
Paul ***spilt*** *his tomato juice all over the table.*
Paul **verschüttete** seinen Tomatensaft über den Tisch.

spin [spɪn]
1. to twist round fast (sich drehen):
Kathy can ***spin*** *round on her skates.* Kathy kann **sich** auf ihren Schlittschuhen herum**drehen**.
2. to make a web (spinnen):
A spider can ***spin*** *a web in a very short time.*
Eine Spinne kann in sehr kurzer Zeit ein Netz **spinnen**.

spinach ['spɪnɪdʒ]
a vegetable that has large, dark green leaves (der Spinat):
We had mashed potatoes, ***spinach*** *and fried eggs for lunch.*
Wir hatten Kartoffelpüree, **Spinat** und Spiegeleier zum Mittagessen.

splash [splæʃ]
1. to make water fly about by jumping around in it or hitting it (spritzen):
Sally is ***splashing*** *about in the swimming pool.*
Sally **spritzt** im Schwimmbecken herum.
2. to make someone wet with drops of liquid (bespritzen):
Peter ***splashed*** *Polly with water from the fountain.*
Peter hat Polly mit Wasser vom Springbrunnen **bespritzt**.

Find the names of two types of sounds on these two pages.

____

spoon [spuːn]
a tool for eating, with a little bowl and a long handle (der Löffel):
*You use a **spoon** for eating soup.*
Man braucht einen **Löffel** um Suppe zu essen.

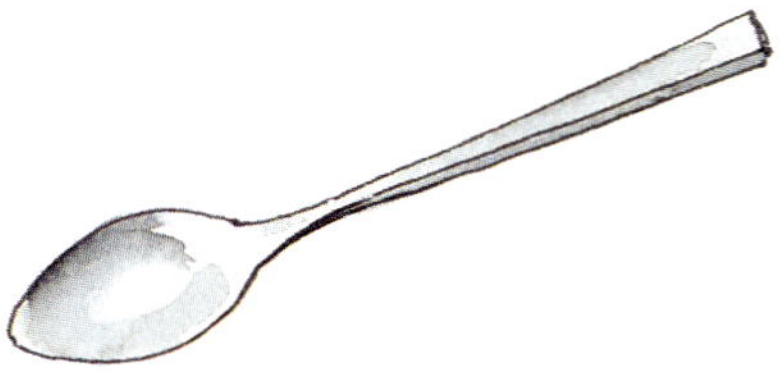

sport [spɔːt]
something that you do to give you exercise (der Sport; die Sportart):
*Swimming and tennis are my favourite **sports**.*
Schwimmen und Tennis sind meine Lieblings**sportarten**.

spot [spɒt]
a small, round mark; a dot (der Fleck; der Punkt):
*A Dalmatian has black **spots** all over its white fur.* Ein Dalmatiner hat überall auf seinem weißen Fell schwarze **Flecken**.

spread [spred]
1. to cover with something soft (bestreichen; streichen):
*Norman is **spreading** jam on his toast.* Norman **streicht** Marmelade auf seinen Toast.

2. to lay something out (ausbreiten):
*Polly **spread** the jigsaw pieces on the table.* Polly **breitete** die Puzzleteile auf dem Tisch **aus**.

spy [spaɪ]
to watch someone secretly (bespitzeln; nachspionieren):
*The policeman **spied on** the burglars.* Der Polizist **bespitzelte** die Einbrecher.

square [skweə]
a flat shape with four equal sides (das Quadrat):
*Peter used a ruler to draw a **square**.*
Peter benutzte ein Lineal um ein **Quadrat** zu zeichnen.

squeak [skwiːk]
to make a short, high sound (piepsen; quieken; quietschen):
*A mouse **squeaks** when it is frightened.* Eine Maus **piepst** wenn sie Angst hat.

squeeze [skwiːz]
to press something (drücken; auspressen):
*Billy is **squeezing** Helen's hand.*
Billy **drückt** Helens Hand.

squirrel ['skwɪrwəl]
a small animal that has grey or brown fur and a long, bushy tail and that is very good at climbing trees (das Eichhörnchen):
***Squirrels** love to eat nuts.*
Eichhörnchen fressen gern Nüsse.

stable ['steɪbl]
a building where horses are kept (der Stall):
*Mike took the horse back to the **stable**.*
Mike führte das Pferd in den **Stall** zurück.

stadium ['steɪdɪəm]
a large sports field with rows of seats all around it (das Stadion):
*This football **stadium** seats fifty thousand people.*
Dieses Fußball**stadion** hat 50.000 Sitzplätze.

stairs [steəz]
steps inside a building that go from one floor to another (die Treppe):
*Sally is climbing the **stairs**.*
Sally steigt die **Treppe** hinauf.

stamp [stæmp]
1. a small piece of paper with a picture and a price printed on it that you stick onto an envelope or a parcel before you send it by post (die Briefmarke):
*Peter collects **stamps** from all over the world.*
Peter sammelt **Briefmarken** aus der ganzen Welt.

2. to put your foot down very hard (stampfen, trampeln):
*Toby is **stamping** about his room.*
Toby **stampft** in seinem Zimmer herum.

stand [stænd]
1. to be on your feet, not sitting or lying (stehen):
*The baby can **stand** by himself now.*
Das Baby kann jetzt allein **stehen**.

2. to be in a certain place (stehen): *My desk **stands** near the window.* Mein Schreibtisch **steht** am Fenster.

star [stɑː]
1. one of the twinkling lights that you can see in the sky at night (der Stern):
*There are so many **stars** in the sky that you can't count them all.*
Es sind so viele **Sterne** am Himmel, dass man sie gar nicht alle zählen kann.
2. a famous movie actor or actress, singer or sports player (der Star):
*Who is your favourite film **star**?*
Wer ist dein Lieblingsfilm**star**?

stare [steə]
to look at something for a long time (starren): *Billy **stared** at the rat in front of him and didn't know what to do.* Billy **starrte** die Ratte vor ihm an und wusste nicht, was er machen sollte.

start [stɑːt]
to begin (beginnen, anfangen):
*The race **starts** now.*
Das Rennen **beginnt** jetzt.

station ['steɪʃn]
a place where trains stop to let passengers get on or off (der Bahnhof; die Station):
*The railway **station** is in the centre of the town.* Der **Bahnhof** liegt in der Stadtmitte.

statue ['stætjuː]
a large shape of a person or animal that is made of metal or stone (die Statue): *There is a **statue** of a famous woman in the park.* Im Park steht eine **Statue** einer berühmten Frau.

steal [stiːl]
to take something from someone without being allowed to (stehlen):
*The thief is **stealing** Mrs Lee's handbag.*
Der Dieb **stiehlt** Frau Lees Handtasche.

stem [stem]
the long, straight, narrow part of a plant that the leaves and flowers grow from (der Stiel):
*These roses have long **stems**.*
Diese Rosen haben lange **Stiele**.

step [step]
1. the action of moving your foot when you walk, run or dance (der Schritt):
*Harry is taking a large **step** across the stream.*
Harry macht einen großen **Schritt** über den Bach.
2. the sound that you make when you walk (der Schritt, der Tritt):
*Rita can hear foot**steps** in the corridor.*
Ria hört **Schritte** im Gang.
3. the flat part of stairs which you put your foot on when you go up or down (die Stufe):
*Mrs Lee has to climb eighty **steps** to get to her flat on the fourth floor.*
Frau Lee muss zu ihrer Wohnung im vierten Stock achtzig **Stufen** hinaufsteigen.

stick [stɪk]
a long, thin piece of wood (der Stock):
*Harry is throwing a **stick** for his dog to fetch.*
Harry wirft einen **Stock**, den sein Hund holen soll.

stick [stɪk]
1. to fix something with glue (kleben):
*Polly is **sticking** a nice picture into her book.*
Polly **klebt** ein schönes Bild in ihr Buch.
2. to push something sharp into something (stecken):
*Rita has a little pin-cushion for **sticking** pins and needles into.*
Rita hat ein kleines Nadelkissen um darauf Steck- und Nähnadeln zu **stecken**.

still [stɪl]
1. not moving (still):
*Please sit **still** while I brush your hair.* Sitz bitte **still** solange ich dir die Haare bürste.
2. going on until now, and not stopping (immer noch; noch):
*It is ten o'clock already, and Billy is **still** asleep.*
Es ist schon zehn Uhr und Billy schläft **immer noch**.

sting [stɪŋ]
1. to hurt your skin by making a tiny hole and putting poison into it (stechen):
*Mandy was **stung** by a bee.*
Mandy ist von einer Biene **gestochen** worden.

2. to be sore (brennen):
*Dave's eyes are **stinging** because a bit of shampoo has got into them.*
Daves Augen **brennen**, weil er ein bisschen Shampoo in die Augen bekommen hat.

stir [stɜː]
to mix with a spoon (umrühren):
*Kathy is **stirring** the hot soup.*
Kathy **rührt** die heiße Suppe **um**.

?

Find a building on these two pages where horses are kept.

____

A B C D E F G H I J K L M N O P Q R S T U V W X Y Z

stitch [stɪtʃ]
to sew (nähen; heften):
*Granny is **stitching** a big red bow onto Kathy's dress.*
Oma **näht** eine große, rote Schleife an Kathys Kleid.

stocking ['stɒkɪŋ]
a thin, light piece of clothing that women wear over their feet and legs (der Strumpf):
*Mrs Smith is putting on brown **stockings**.*
Frau Smith zieht braune **Strümpfe** an.

stomach ['stʌmək]
1. the part inside your body that food goes into after you have swallowed it
(der Magen; Magen-):
*Dad has a pain in his **stomach**.*
Papa hat **Magen**schmerzen.
2. the front of your body, just below your waist
(der Bauch):
*Norman has a big **stomach**.*
Norman hat einen dicken **Bauch**.

stomach ache ['stʌmək eɪk]
a pain in your stomach
(die Magenschmerzen):
*Toby got **a stomach ache** from eating too much ice-cream.*
Toby hat **Magenschmerzen** bekommen, weil er zu viel Eis gegessen hat.

stone [stəʊn]
1. a piece of rock (der Stein):
*Andy and Dave were throwing small **stones** into the pond.*
Andy und Dave warfen kleine **Steine** in den Teich.
2. the hard seed in the middle of some fruits (der Kern):
*A cherry has one small **stone** inside.* Eine Kirsche hat innen einen kleinen **Kern**.

stop [stɒp]
1. not to move any longer; to make something stand still
(anhalten; stoppen):
*Dad **stopped** the car at the red light.* Papa **hielt** an der roten Ampel **an**.

2. not to do something any longer
(aufhören; nicht mehr tun):
***Stop** making such a noise!*
Hör auf solch einen Krach zu machen!

store [stɔː]
1. a shop (das Geschäft):
*A department store is a large **store** that sells many different kinds of things.*
Ein Kaufhaus ist ein großes **Geschäft**, in dem viele verschiedene Dinge verkauft werden.
2. to put something into a place for keeping
(lagern; aufbewahren):
*Mrs Lee **stores** the potatoes in the cellar.* Frau Lee **lagert** die Kartoffeln im Keller.

stork [stɔːk]
a large bird with a long, pointed beak, a long neck and very long legs, that lives near water
(der Storch):
*A **stork** often has its nest in a high place, like on the roof of a house.* Ein **Storch** hat sein Nest oft weit oben, wie zum Beispiel auf einem Hausdach.

story ['stɔːrɪ]
something about what has happened (die Geschichte):
*Grandad is telling Sandra and Harry a true **story**.*
Opa erzählt Sandra und Harry eine wahre **Geschichte**.

straight [streɪt]
1. not bent (gerade): *Dave can draw a **straight** line without a ruler.* Dave kann ohne ein Lineal eine **gerade** Linie ziehen.
2. not turning (gerade):
*Go **straight on** until you get to the traffic lights, then turn right.*
Gehen Sie immer **geradeaus** bis Sie zu der Ampel kommen, und dann biegen Sie rechts ab.

stranger ['streɪndʒə]
a person you have never met before (der/die Fremde):
*Mum warned us never to go anywhere with **strangers**.*
Mama warnte uns davor mit **Fremden** mitzugehen.

straw [strɔː]
1. a thin plastic tube for drinking through (der Strohhalm):
This is a flexible straw.
Das ist ein biegsamer **Strohhalm**.
2. the dry, light brown stems of wheat or oats (das Stroh):
*The floor of the stable is covered with **straw** to keep it clean and dry.* Der Stallboden ist mit **Stroh** ausgelegt, damit er sauber und trocken bleibt.

strawberry ['strɔːbərɪ]
a small, red, juicy fruit that grows close to the ground (die Erdbeere):
*We had **strawberries** and cream for dessert.*
Wir hatten **Erdbeeren** mit Sahne zum Nachtisch.

stream [striːm]
a small river (der Bach):
*This **stream** is so narrow that you can jump across it.*
Dieser **Bach** ist so schmal, dass man hinüberspringen kann.

street [striːt]
a road in a town with buildings on both sides (die Straße):
*We are allowed to play **in** our **street** because there is no traffic.*
Wir dürfen **auf** unserer **Straße** spielen, weil es dort keinen Verkehr gibt.

stretch [stretʃ]
to hold your arms or legs out straight (strecken; dehnen):
*Billy has just got out of bed and now he is **stretching** himself.*
Billy ist gerade aufgestanden und **streckt** sich jetzt.

string [strɪŋ]
1. a thick thread that you use for tying things (die Schnur): *Toby is tying up the parcel with a piece of red **string**.* Toby verschnürt das Paket mit einer roten **Schnur**.
2. one of the thin pieces of wire or nylon fixed across a musical instrument (die Saite): *Most guitars have six **strings**.*
Die meisten Gitarren haben sechs **Saiten**.

stripe [straɪp]
a coloured line (der Streifen):
*Patrick is wearing pyjamas with red and violet **stripes**.*
Patrick trägt einen Schlafanzug mit roten und lila **Streifen**.

strong [strɒŋ]
1. not weak (stark; kräftig)
*Peter is **strong** enough to carry the suitcase.* Peter ist **stark** genug um den Koffer zu tragen.
2. easy to notice (stark; streng):
*Onions have a **strong** taste.*
Zwiebeln haben einen **strengen** Geschmack.

study ['stʌdɪ]
to learn something very well (studieren; lernen): *Rita is **studying** hard for the test.* Rita **lernt** fleißig auf die Klassenarbeit.

submarine ['sʌbməriːn]
a ship that can travel under water (das U-Boot): *There is little room inside a **submarine**.* In einem **U-Boot** ist wenig Platz.

suddenly ['sʌdnlɪ]
happening quickly (plötzlich):
*Mandy **suddenly** screamed because a bee had stung her.*
Mandy schrie **plötzlich**, weil eine Biene sie gestochen hatte.

sugar ['ʃʊgə]
something white or brown that makes drinks and food taste sweet (der Zucker):
*Mrs Lee takes three teaspoons of **sugar** in her coffee.*
Frau Lee nimmt drei Kaffeelöffel voll **Zucker** in ihren Kaffee.

suitcase ['suːtkeɪs]
a case with flat sides and a handle that you carry your clothes in when you are travelling (der Koffer):
*Peter knows how to pack a **suitcase**.* Peter weiß wie man einen **Koffer** packt.

sun [sʌn]
1. the huge, bright yellow ball in the sky that gives us light and heat (die Sonne):
*The earth takes one year to go round the **sun**.*
Die Erde braucht ein Jahr um die **Sonne** zu umkreisen.
2. light and heat from the sun; sunshine (die Sonne): *Andy prefers sitting in the shade to sitting in the **sun**.* Andy sitzt lieber im Schatten als in der **Sonne**.

?

Find three words on these two pages that are made up of two words each.

____

sunburn ['sʌnbɜːn]
red, sore skin that you get when you spend too much time in the sun (der Sonnenbrand):
*Toby has **sunburn** all over his body.*
Toby hat am ganzen Körper **Sonnenbrand**.

sunflower ['sʌnflaʊə]
a tall plant that has a big, yellow flower with lots of seeds that you can eat (die Sonnenblume):
*Mrs Lee grows **sunflowers** in her garden.*
Frau Lee hat **Sonnenblumen** in ihrem Garten.

sunglasses ['sʌnglɑːsɪz]
dark-coloured spectacles that you wear to protect your eyes from bright sunlight
(die Sonnenbrille):
*Rita got a new, red **pair of sunglasses**.*
Rita hat eine neue, rote **Sonnenbrille**.

sunlight ['sʌnlaɪt]
the light of the sun (das Sonnenlicht): *Some plants, such as ferns, don't like bright **sunlight**.* Einige Pflanzen, wie die Farne, mögen kein helles **Sonnenlicht**.

sunny ['sʌnɪ]
having a lot of bright sunshine (sonnig): *It is very **sunny** today.* Heute ist sehr **sonnig**.

sunrise ['sʌnraɪz]
the rising of the sun in the morning; the time when the sun rises (der Sonnenaufgang):
*This morning Tim got up **at sunrise.***
Heute Morgen ist Tim **bei Sonnenaufgang** aufgestanden.

sunset ['sʌnset]
the going down of the sun in the evening; the time when the sun goes down (der Sonnenuntergang):
*The children have to be back home before **sunset**.*
Die Kinder müssen vor **Sonnenuntergang** zu Hause sein.

supermarket ['suːpəmɑːkɪt]
a large shop that sells food and other things that you take off the shelves yourself and pay for when you leave (der Supermarkt):
*Once a week Mrs Lee does her shopping in the **supermarket**.*
Frau Lee kauft einmal die Woche im **Supermarkt** ein.

supper ['sʌpə]
a meal that you eat in the evening (das Abendessen): *We had fried chicken for **supper** last night.* Gestern Abend gab es bei uns Brathähnchen zum **Abendessen**.

surprise [sə'praɪz]
something that you don't know is going to happen
(die Überraschung):
*Sandra and Harry bought a bunch of flowers for their mother as a **surprise**.*
Sandra und Harry haben für ihre Mutter als **Überraschung** einen Blumenstrauß gekauft.

swallow ['swɒləʊ]
to make food or drink go down your throat to your stomach (hinunterschlucken):
*You must chew food well before you **swallow** it.*
Man muss das Essen gut kauen, bevor man es **hinunterschluckt**.

swallow ['swɒləʊ]
a small bird with long wings and a divided tail, that can fly very fast (die Schwalbe):
*A **swallow** catches insects while it is flying.*
Eine **Schwalbe** fängt im Flug Insekten.

swan [swɒn]
a large white bird with a long neck that lives on lakes and rivers
(der Schwan):
*We went down to the river bank to feed the **swans** with bread.*
Wir gingen an das Flussufer hinunter um die **Schwäne** mit Brot zu füttern.

sweat [swet]
to feel very hot and lose a clear liquid, called **sweat**, through your skin (schwitzen):
*The two boys are **sweating** because they are running fast.*
Die beiden Jungen **schwitzen**, weil sie schnell rennen.

sweep [swiːp]
to clean a floor with a broom (kehren, fegen):
*Mrs Lee is **sweeping up** the mess.*
Frau Lee **kehrt** den Dreck **zusammen**.

sweet [swiːt]
1. tasting of sugar; not sour (süß):
*Jam and honey are **sweet**.*
Marmelade und Honig sind **süß**.
2. lovely (süß; lieb):
*What a **sweet** little puppy!*
Was für ein **süßer**, kleiner Hund!
3. a small piece of something sweet, such as a toffee or a lollipop
(das Bonbon; die Süßigkeit):
*A sweetshop is a shop that sells all kinds of **sweets**.*
Ein Süßwarenladen ist ein Geschäft, in dem alle Arten von **Süßigkeiten** verkauft werden.

swim [swɪm]
to move through water using your arms and legs (schwimmen):
*Tim enjoys **swimming**; once he even **swam** in a large river.*
Tim **schwimmt** gern; einmal ist er sogar in einem großen Fluss **geschwommen**.

swing [swɪŋ]
1. to move from side to side; to move backwards and forwards (schwingen; schaukeln):
*When you run you **swing** your arms.*
Wenn man rennt, **schwingt** man die Arme.
2. a seat for swinging that hangs on ropes (die Schaukel):
*Rita is swinging very high on the **swing**.* Rita schaukelt mit der **Schaukel** sehr hoch.

switch [swɪtʃ]
1. a button for turning something electric on or off
(der Schalter):
*In most rooms the light **switch** is next to the door.*
In den meisten Räumen ist der Licht**schalter** neben der Tür.

2. to start or stop something electric working by pressing a switch (einschalten; ausschalten):
*You **switch on** the light when it gets dark and you **switch off** the light when you go to bed.*
Man **schaltet** das Licht **ein**, wenn es dunkel wird und man **schaltet** das Licht **aus**, wenn man ins Bett geht.

sword [sɔːd]
a weapon with a handle and a long, sharp blade
(das Schwert):
*Toby and Harry are fighting with toy **swords**.*
Toby und Harry kämpfen mit Spielzeug**schwertern**.

syrup ['sɪrəp]
a thick, sweet liquid that is made by cooking sugar with water or fruit juice (der Sirup):
*Helen likes raspberry **syrup** on her ice-cream.* Helen mag gern Himbeer**sirup** auf ihrem Eis.

table ['teɪbl]
a piece of furniture with four legs and a flat top (der Tisch):
*Harry laid the **table**, and then everybody sat down **at table** and had their lunch.*
Harry deckte den **Tisch** und dann setzten sich alle **zu Tisch** und aßen zu Mittag.

tadpole ['tædpəʊl]
a very small animal with a round head and a long tail, that grows into a frog or toad
(die Kaulquappe):
***Tadpoles** live in ponds or lakes.*
Kaulquappen leben in Teichen oder Seen.

tail [teɪl]
the part of an animal that is at the opposite end to its head
(der Schwanz):
*This monkey is hanging by its **tail**.* Dieser Affe hängt an seinem **Schwanz**.

?

Does it get dark at sunrise or at sunset?

tailor ['teɪlə]
a person whose job it is to make clothes, usually for men
(der Schneider):
*The **tailor** is sewing a suit out of grey cloth.*
Der **Schneider** näht gerade einen Anzug aus grauem Stoff.

take [teɪk]
1. to put your hand round something and hold it
(nehmen): *Norman **took** the sandwich and ate it at once.*
Norman **nahm** das Sandwich und aß es sofort.
2. to carry something somewhere
(bringen): *Sandra **took** the paper to her mother.* Sandra **brachte** die Zeitung ihrer Mutter.
3. to need a certain time
(brauchen): *It **takes** me only ten minutes to walk to school.*
Ich **brauche** nur zehn Minuten um in die Schule zu laufen.
4. to travel in a vehicle such as a bus, train or taxi (fahren mit, nehmen): *We **took** a bus to the city centre.* Wir **fuhren mit** dem Bus in die Stadtmitte.

tale [teɪl]
a story (die Geschichte; das Märchen):
*Do you know the **fairy tale** "Frog Prince"?* Kennst du das **Märchen** "Froschkönig"?

tall [tɔːl]
big; not small (groß):
*Tim is a very **tall** boy.*
Tim ist ein sehr **großer** Junge.

tame [teɪm]
used to living with people; not wild (zahm): *The elephants in the circus are **tame**.* Die Elefanten im Zirkus sind **zahm**.

tank [tæŋk]
a large container for liquids or gas
(der Tank):
*The water is heated in the hot-water **tank**.*
Das Wasser wird in einem Heißwasser**tank** erhitzt.

tap [tæp]
1. a handle that you turn to make water flow
(der Wasserhahn):
*Toby is turning on the **tap***
Toby dreht den **Wasserhahn** auf.

2. to hit something lightly
(klopfen):
*Linda **tapped** Andy on the shoulder.* Linda **klopfte** Andy auf die Schulter.

taxi ['tæksɪ]
a car that is driven by a taxi-driver, whom you pay to take you somewhere (das Taxi):
*Mr Brown took a **taxi** to the station.* Herr Brown nahm ein **Taxi** zum Bahnhof.

tea [tiː]
1. a drink that is made by adding boiling water to dry leaves
(der Tee): *Would you like a cup of **tea**?* Möchtest du eine Tasse **Tee**?
2. a small meal in the late afternoon (das Abendbrot):
*We had sandwiches **for tea**.*
Wir hatten Sandwiches **zum Abendbrot**.

teach [tiːtʃ]
1. to show someone how to do something (beibringen):
*Uncle Bob **taught** Harry to swim.*
Onkel Bob **brachte** Harry das Schwimmen **bei**.
2. to help pupils to learn something (unterrichten):
*Mr Jones **teaches** music at our school.* Herr Jones **unterrichtet** an unserer Schule Musik.

teacher ['tiːtʃə]
a person whose job it is to teach, usually at a school
(der Lehrer/die Lehrerin):
*Mr Jones is our music **teacher**.*
Herr Jones ist unser Musik**lehrer**.

team [tiːm]
a group of people who play together in a game (das Team; die Mannschaft): *There are eleven players in a football **team**.*
In einer Fußball**mannschaft** sind elf Spieler.

tear [tɪə]
a drop of liquid that comes from your eyes when you cry
(die Träne): *Sandra had **tears** in her eyes.* Sandra hatte **Tränen** in den Augen.

tear [teə]
1. to pull something apart
(zerreißen):
*Paul is **tearing** the paper into little pieces.* Paul **zerreißt** das Papier in kleine Stücke.
2. to make a hole in cloth
(reißen): *Toby **tore** a hole in his shirt climbing up a tree.*
Toby **riss** ein Loch in sein Hemd als er auf einen Baum kletterte.

telephone ['telɪfəʊn]
a thing that you use to speak to someone at another place
(das Telefon):
*There is somebody **on the telephone** for you.*
Du wirst **am Telefon** verlangt.

telescope ['telɪskəʊp]
a kind of long tube that you look through to see far-away things better
(das Fernrohr, das Teleskop):
*Peter likes looking at the moon through his **telescope**.*
Peter sieht sich gern den Mond durch sein **Fernrohr** an.

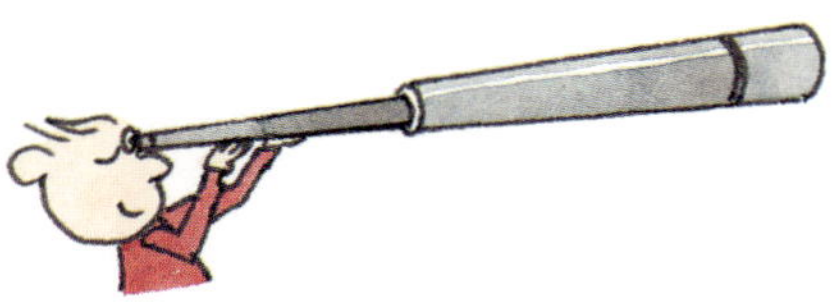

television ['telɪvɪʒn]
a thing that looks like a box with a glass front and is used for watching programmes
(der Fernseher):
*Rita saw an interesting film about crocodiles **on television** last night.*
Rita hat gestern Abend einen interessanten Film über Krokodile **im Fernsehen** gesehen.

tell [tel]
1. to say (erzählen; sagen):
*Grandad **told** Harry a true story.*
Opa **erzählte** Harry eine wahre Geschichte.
2. to order someone (sagen):
*The teacher **told** the pupils to learn the new French words.*
Die Lehrerin **sagte** den Schülern, sie sollten die neuen französischen Wörter lernen.

temple ['templ]
a building where people pray to a god (der Tempel):
*There are many beautiful **temples** in India.*
In Indien gibt es viele schöne **Tempel**.

tennis ['tenɪs]
a game for two or four players who use rackets to hit a small ball to each other over a net on a tennis court (das Tennis):
*Tim is good at playing **tennis**.*
Tim spielt gut **Tennis**.

tent [tent]
a kind of hut made of strong cloth that you sleep in when you are camping (das Zelt):
*Toby and Patrick have put up their **tent** for the night.*
Toby und Patrick haben ihr **Zelt** für die Nacht aufgebaut.

test [test]
a set of questions that you are asked to find out how much you know (die Klassenarbeit; der Test): *The **test** was easy and most of the pupils got good marks.*
Die **Klassenarbeit** war leicht und die meisten Schüler haben gute Noten bekommen.

theatre ['θɪətə]
a building where you can watch a play or a show (das Theater):
*We are watching a play for children **at the theatre**.*
Wir sehen uns ein Kinderstück **im Theater** an.

thermometer [θə'mɒmɪtə]
a long, narrow thing that is used for measuring a temperature
(das Thermometer): *Mum put he **thermometer** into Sandra's mouth.* Mama steckte das **Thermometer** in Sandras Mund.

thick [θɪk]
not thin (dick):
*This book is very **thick** – it has over 1,000 pages.*
Diese Buch ist sehr **dick** - es hat über 1.000 Seiten.

thief [θiːf]
a person who steals
(der Dieb/die Diebin): *Two **thieves** broke into the jewellery shop and stole all the jewels.*
Zwei **Diebe** brachen in das Juweliergeschäft ein und stolen die gesamten Juwelen.

thin [θɪn]
1. not thick (dünn): *This exercise book is **thin** – it has only twenty-four pages.* Dieses Heft ist **dünn** - es hat nur 24 Seiten.

2. not fat (dünn):
*Tim is tall and **thin**.*
Tim ist groß und **dünn**.

thing [θɪŋ]
something that is not living
(das Ding; die Sache):
*A comb is a flat **thing** that you comb your hair with.*
Ein Kamm ist ein flaches **Ding**, mit dem man sich die Haare kämmt.

?

Do you tell a tail or a tale?

A B C D E F G H I J K L M N O P Q R S T U V W X Y Z

think [θɪŋk]
to use your brain inside your head (denken; sich überlegen): *Patrick is* ***thinking about*** *a birthday present for his mother.* Patrick **denkt über** ein Geburtstagsgeschenk für seine Mutter **nach**.

thirsty ['θɜːstɪ]
needing something to drink (durstig, Durst haben): *Norman* ***was*** *so* ***thirsty*** *that he drank five glasses of water.* Norman **hatte** solchen **Durst**, dass er fünf Gläser Wasser trank.

thorn [θɔːn]
a hard, sharp point that grows on the stem of some plants (der Dorn): *Roses have* ***thorns****.* Rosen haben **Dornen**.

thread [θred]
a long, very thin piece of cotton that is used for sewing (der Faden; das Garn): *Sally is using blue* ***thread****.* Sally benutzt blauen **Faden**.

throat [θrəʊt]
the part of your body at the back of your mouth (die Kehle; der Rachen): *Billy is wearing a scarf round his neck because he has* ***a sore throat****.* Billy trägt einen Schal um den Hals, weil er **Halsschmerzen** hat.

throne [θrəʊn]
a beautiful chair that is used by a king or queen (der Thron): *The king's* ***throne*** *was made of gold.* Der **Thron** des Königs war aus Gold.

throw [θrəʊ]
to make something go through the air (werfen): *Harry* ***threw*** *the ball to Toby.* Harry **warf** Toby den Ball zu.

thumb [θʌm]
the short, thick finger of your hand (der Daumen): *You hold a pen between your* ***thumb*** *and your first and second fingers.* Man hält einen Füller zwischen dem **Daumen** und dem ersten und zweiten Finger.

thunder ['θʌndə]
the loud noise that you hear after a flash of lightning (der Donner): *There was a clap of* ***thunder****.* Es gab einen **Donner**schlag.

ticket ['tɪkɪt]
1. a small piece of paper that allows you to travel on a bus, a train, or an aeroplane (die Fahrkarte): *Dave is showing his train* ***ticket*** *to the* ***ticket*** *inspector.* Dave zeigt dem **Fahrkarten**kontrolleur seine **Fahrkarte**.

2. a small piece of paper that allows you to go to a film, a play or a match (die Eintrittskarte): *You must show your* ***ticket*** *before you can go to your seat in the theatre.* Bevor man zu seinem Platz im Theater geht, muss man seine **Eintrittskarte** vorzeigen.

tidy ['taɪdɪ]
1. neat (ordentlich; aufgeräumt): *Rita keeps her bedroom clean and* ***tidy****.* Rita hat ihr Zimmer immer sauber und **aufgeräumt**.
2. to make something neat by putting things in their correct places (aufräumen): *Kathy is* ***tidying*** *her desk.* Kathy **räumt** gerade ihren Schreibtisch **auf**.

tiger ['taɪgə]
a large animal like a big cat that has yellow-coloured fur with black stripes (der Tiger): ***Tigers*** *live in Asia.* **Tiger** leben in Asien.

tight [taɪt]
firmly fixed; not loose (festsitzend; eng): *I can't open the jam jar because the lid is too* ***tight****.* Ich krieg das Marmeladenglas nicht auf, weil der Deckel zu **fest sitzt**.

tile [taɪl]
any flat, usually square piece that is used to cover roofs, walls or floors (der Dachziegel; die Fliese; die Kachel): *Our house has red* ***tiles*** *on the roof.* Auf unserem Haus sind rote **Dachziegel**.

time [taɪm]
1. minutes, hours, days and years (die Zeit): *It took me a long* ***time*** *to read this thick book.* Ich habe viel **Zeit** gebraucht um dieses dicke Buch zu lesen.
2. what a clock or watch tells you (spät): *"What* ***time*** *is it?" "It's one o'clock."* "Wie **spät** ist es?" "Es ist ein Uhr."
3. how often something happens (das Mal; -mal): *Paul has been to the museum three* ***times****.* Paul ist schon drei**mal** im Museum gewesen.

tin [tɪn]
1. a grey metal (das Blech): *These things are made of* ***tin****.* Diese Dinge sind aus **Blech**.
2. a metal container that food can be stored in for a long time; a tin box with a lid (die Dose; die Büchse): *There are biscuits in this red* ***tin****.* In dieser roten **Dose** sind Kekse.

tiny ['taɪnɪ]
very small (winzig, sehr klein):
*A baby mouse is **tiny**.*
Eine junge Maus ist **winzig**.

tiptoe ['tɪptəʊ]
to walk on your toes so that you make no noise (auf Zehenspitzen gehen): *The burglar is **tiptoeing** out of the house.* Der Dieb **geht auf Zehenspitzen** aus dem Haus.

tired ['taɪəd]
feeling that you need rest; wanting to sleep (müde): *Dad is always **tired** after work.* Papa ist nach der Arbeit immer **müde**.

toad [təʊd]
an animal like a frog, but larger (die Kröte):
*Linda didn't like the ugly **toads** at the zoo.* Linda gefielen die hässlichen **Kröten** im Zoo nicht.

toast [təʊst]
a slice of bread that has been made brown and dry by cooking it in a machine called a **toaster** (der Toast):
*Norman has six **pieces of toast** for breakfast.*
Norman isst zum Frühstück sechs **Scheiben Toast**.

today [tə'deɪ]
this day (heute): *Yesterday was Friday and **today** is Saturday.* Gestern war Freitag und **heute** ist Samstag.

toe [təʊ]
one of the five parts at the end of your foot (der Zeh, die Zehe):
*Toby has hurt his big **toe**.* Toby hat seinen großen **Zeh** verletzt.

toffee ['tɒfɪ]
a sticky, soft sweet that is made of sugar and butter (das Karamelbonbon):
*Billy bought a bag of **toffees**.*
Billy hat sich eine Tüte mit **Karamelbonbons** gekauft.

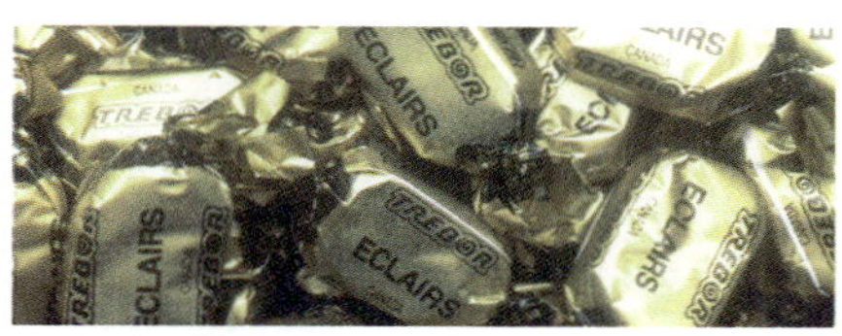

together [tə'geðə]
with someone; in a group (zusammen):
*Harry and Norman often walk home from school **together**.*
Harry und Norman gehen oft **zusammen** von der Schule heim.

toilet ['tɔɪlət]
a place where you need to go several times every day (die Toilette):
*Mike wants to go **to the toilet**.*
Mike möchte **auf die Toilette** gehen.

tomato [tə'mɑːtəʊ]
a soft, round, red vegetable that is used in salads, sauces and other dishes (die Tomate):
*Mum is preparing a mixed salad with **tomatoes** and cucumber.*
Mama macht einen gemischten Salat aus **Tomaten** und Gurken.

tomorrow [tə'mɒrəʊ]
the day after today (morgen):
*We're going to the beach **tomorrow**.* Wir gehen **morgen** an den Strand.

tongue [tʌŋ]
the soft, red thing inside your mouth (die Zunge):
*The baby sticks his **tongue** out at everybody.* Das Baby streckt allen Leuten die **Zunge** heraus.

tonight [tə'naɪt]
this evening (heute Abend):
*My parents are going to the theatre **tonight**.* Meine Eltern gehen **heute Abend** ins Theater.

?

What are the names of four parts of your body on these two pages?

tool [tuːl]
a thing that you use to help you do a job (das Werkzeug):
The mechanic has a hammer, several screwdrivers and other ***tools*** *in his* ***tool*** *box.*
Der Mechaniker hat einen Hammer, mehrere Schraubenzieher und andere **Werkzeuge** in seinem **Werkzeug**kasten.

tooth [tuːθ]
one of the hard, white things in your mouth that you use for biting and chewing food (der Zahn):
I clean my ***teeth*** *after every meal.*
Ich putze mir nach jedem Essen die **Zähne**.

top [tɒp]
1. the highest part of something (die Spitze; der obere Teil; oben):
Polly is standing ***on top of*** *the ladder.*
Polly steht **oben auf** der Leiter.
2. a lid (der Deckel):
Please put the ***top*** *back on the bottle.* Schraube bitte den **Deckel** wieder auf die Flasche.
3. a small toy that spins on a point (der Kreisel):
Dave is playing with a ***top****.*
Dave spielt mit einem **Kreisel**.

torch [tɔːtʃ]
a small light that you can carry about with you
(die Taschenlampe):
Toby is shining his ***torch*** *along the path so that he can see his way.*
Toby leuchtet mit seiner **Taschenlampe** den Weg entlang, damit er sieht wohin er geht.

tortoise ['tɔːtəs]
an animal that has a large, hard shell over its body and that moves very slowly
(die Schildkröte):
A ***tortoise*** *protects itself by pulling its head and legs inside its shell.*
Eine **Schildkröte** schützt sich, indem sie den Kopf und die Beine in ihren Panzer zieht.

touch [tʌtʃ]
to put your hand or fingers onto something
(berühren; anfassen):
Sally is ***touching*** *the petals to feel how smooth they are.*
Sally **berührt** die Blütenblätter um zu fühlen wie weich sie sind.

tour [tʊə]
a journey to several places; a short trip round a place
(die Fahrt, die Reise; die Führung):
Mandy and her friend are making a ***tour of*** *France.*
Mandy und ihre Freundin machen eine Frankreich**reise**.

tourist ['tʊərɪst]
someone who is spending their holiday travelling
(der Tourist/die Touristin):
Tourists *usually take a lot of photographs.* **Touristen** machen meistens viele Fotos.

towel ['taʊəl]
a thick, soft cloth for drying yourself (das Handtuch):
Toby is rubbing himself dry with a big ***towel****.* Toby reibt sich mit einem großen **Handtuch** trocken.

town [taʊn]
a place with many streets and houses where people live and work (die Stadt):
A ***town*** *is larger than a village but smaller than a city.*
Eine **Stadt** ist größer als ein Dorf, aber kleiner als eine Großstadt.

toy [tɔɪ]
a thing for a child to play with (das Spielzeug): *Andy is playing with his* ***toy*** *locomotive.* Andy spielt mit seiner **Spielzeug**lokomotive.

trace [treɪs]
to copy a picture by putting a piece of thin paper over it and drawing along the lines that you can see through the paper (abpausen, durchpausen):
Helen is ***tracing*** *a picture of a horse.* Helen **paust** ein Bild von einem Pferd **ab**.

track [træk]
1. a mark on the ground that is left by an animal, a person or a vehicle (die Spur; die Fährte):
The hunters followed the ***tracks*** *of the bear.* Die Jäger folgten den **Spuren** des Bären.
2. a path; a narrow road (der Weg, der Pfad):
A jeep can travel on rough mountain ***tracks****.* Ein Jeep kann auf unebenen Berg**wegen** fahren.

tractor ['træktə]
a vehicle with large back wheels that is used on a farm for pulling machines (der Traktor):
*The farmer is driving his **tractor** across the field.*
Der Bauer fährt seinen **Traktor** über das Feld.

traffic ['træfɪk]
cars, motorcycles, buses and lorries that are moving on the road (der Verkehr):
*There is a lot of **traffic** on this road.* Auf dieser Straße ist viel **Verkehr**.

train [treɪn]
a long vehicle that is pulled by an engine along a railway (der Zug):
*The **train** is arriving at the station.* Der **Zug** kommt im Bahnhof an.

trap [træp]
something for catching an animal (die Falle):
*Mr Smith put a bit of cheese in the mouse**trap**.*
Herr Smith hat ein Stückchen Käse in die Mause**falle** getan.

trap [træp]
to catch an animal in a **trap** (mit einer Falle fangen):
*It is very cruel to **trap** and kill animals for their fur.* Es ist sehr grausam, Tiere wegen ihres Fells **mit einer Falle zu fangen** und sie dann zu töten.

travel ['trævl]
to go from one place to another (reisen):
*The tourists **travelled** round Germany by coach.*
Die Touristen **reisten** mit dem Reisebus durch Deutschland.

tray [treɪ]
a flat thing with a low edge around it that you use for carrying drinks and food (das Tablett):
*The waiter is carrying the glasses on a **tray** with one hand.*
Der Ober trägt mit einer Hand auf einem **Tablett** die Gläser.

treasure ['treʒə]
things such as gold and jewels that have been hidden somewhere (der Schatz):
*Two pirates found the **treasure** in a big chest buried in a cave.*
Zwei Piraten fanden den **Schatz** in einer großen Truhe, die in einer Höhle vergraben war.

tree [triː]
a tall plant that has a trunk, branches and leaves (der Baum):
*Mrs Lee has an apple **tree** in her garden.* Frau Lee hat einen Apfel**baum** in ihrem Garten.

triangle ['traɪæŋgl]
a flat shape with three straight sides (das Dreieck):
*This **triangle** has three equal sides.* Dieses **Dreieck** hat drei gleiche Seiten.

trick [trɪk]
something clever that someone does for an audience (der Trick; das Kunststück):
*The best **trick** the magician did was to pull a white rabbit out of a hat.* Das beste **Kunststück**, das der Zauberkünstler vollführte, war ein weißes Kaninchen aus seinem Hut zu ziehen.

tricycle ['traɪsɪkl]
a small vehicle for children that has three wheels (das Dreirad):
*Sandra is riding her **tricycle**.*
Sandra fährt gerade mit ihrem **Dreirad**.

trip [trɪp]
1. a journey to a place and back again (die Reise; der Ausflug):
*We went on a **trip** to the seaside on Sunday.*
Am Sonntag haben wir einen **Ausflug** ans Meer gemacht.
2. to knock your foot against something so that you fall or nearly fall (stolpern):
*Andy **tripped** over a stone and fell.*
Andy **stolperte** über einen Stein und fiel hin.

?

Do you use a tractor, a train or a tricycle to travel to another country?

____

trouble ['trʌbl]
1. something that is difficult (die Schwierigkeiten):
Mr Smiley had a lot of ***trouble*** *repairing his motorcycle.*
Herr Smiley hatte große **Schwierigkeiten** als er sein Motorrad reparierte.
2. something that makes you worry (der Ärger):
Toby got into ***trouble*** *for lying to the teacher.*
Toby bekam **Ärger**, weil er die Lehrerin angelogen hatte.

trousers ['traʊzəz]
a piece of clothing that covers your legs up to your waist (die Hose):
These ***trousers*** *are too long for Andy.*
Diese **Hose** ist für Andy zu lang.

truck [trʌk]
a lorry (der Lastwagen):
This ***truck*** *is unloading sand.*
Dieser **Lastwagen** entlädt Sand.

true [truː]
correct (wahr; richtig):
Is it ***true*** *that you keep a white rat as a pet?* Ist es **wahr**, dass du eine weiße Ratte als Haustier hältst?

trumpet ['trʌmpɪt]
a musical instrument made of metal that you play by blowing into it (die Trompete):
Toby is learning to play ***the trumpet****.*
Toby lernt **Trompete** spielen.

trunk [trʌŋk]
1. the thick stem of a tree (der Stamm):
The branches of a tree grow from its ***trunk****.* Die Äste eines Baumes wachsen aus dem **Stamm**.
2. the long nose of an elephant (der Rüssel):
An elephant can use its ***trunk*** *to pick up heavy things and carry them.* Ein Elefant kann mit seinem **Rüssel** schwere Dinge hochheben und transportieren.

3. a large, strong case (der Schrankkoffer): *Mr Brown packed his* ***trunk*** *and sent it to America by sea.* Herr Brown packte seinen **Schrankkoffer** und versandte ihn nach Amerika.

try [traɪ]
1. to do your best to do something (versuchen):
The baby is ***trying*** *to climb out of his little bed.* Das Baby **versucht** aus seinem Bettchen zu klettern.
2. to find out if something is good (probieren):
Paul ***tried*** *lemon juice and didn't like its sour taste.* Paul **probierte** Zitronensaft und mochte den sauren Geschmack nicht.

T-shirt ['tiːʃɜːt]
a piece of clothing like a shirt, with short sleeves (das T-Shirt):
Peter always wears a ***T-shirt*** *in hot weather.*
Wenn es heiß ist, trägt Peter immer ein **T-Shirt**.

tube [tjuːb]
1. a long, narrow thing that is empty inside; a pipe (das Rohr):
Water flows through a plastic ***tube*** *into the tank.*
Das Wasser fließt durch ein Plastik**rohr** in den Tank.
2. a long, narrow container made of metal or plastic that you squeeze to get out the paste that is inside (die Tube):
The artist is using ***tubes*** *of paint.*
Die Künstlerin benutzt Farb**tuben**.

tulip ['tjuːlɪp]
a flower that grows in spring and that is shaped like an upside-down bell (die Tulpe):
There are red, white and yellow tulips in the park.
Im Park gibt es rote, weiße und gelbe **Tulpen**.

tune [tjuːn]
a little piece of music (die Melodie):
Mandy is whistling a ***tune****.*
Mandy pfeift eine **Melodie**.

tunnel ['tʌnl]
an underground way, usually one that has been cut through a hill or under a river (der Tunnel):
There are road ***tunnels*** *and railway* ***tunnels*** *in the mountains.*
In den Bergen gibt es Straßen**tunnel** und Eisenbahn**tunnel**.

turkey [ˈtɜːkɪ]
a large bird that has no feathers on its head and neck (der Truthahn): ***Turkeys** are kept for their meat.* **Truthähne** werden wegen ihres Fleisches gezüchtet.

turn [tɜːn]
1. to move something round (drehen): *You can change the radio programme by **turning** this knob.* Wenn man an diesem Knopf **dreht**, kann man ein anderes Radioprogramm einstellen.
2. to move a button, knob or tap to start or stop electricity or water flowing (ein-/ausschalten):
*When you **turn on** a machine it starts working, and when you **turn** it **off** it stops.*
Wenn man eine Maschine **einschaltet**, beginnt sie zu arbeiten und wenn man sie **ausschaltet** hört sie auf.
3. to move something on to its other side (umdrehen; umblättern): *Please **turn** the page.* Bitte **blättern** Sie **um**.
4. to change; to become (sich verwandeln; werden):
*A tadpole **turns into** a frog.*
Eine Kaulquappe **verwandelt sich in** einen Frosch.

turnip [ˈtɜːnɪp]
a large, round, white or yellow vegetable (die Rübe):
***Turnips** taste a bit like carrots.*
Rüben schmecken ein bisschen wie Karotten.

turtle [ˈtɜːtl]
a kind of tortoise that lives in the sea (die Wasserschildkröte):
*A **turtle** comes out of the sea to lay its eggs.*
Eine **Wasserschildkröte** kommt zum Eierlegen aus dem Meer.

tusk [tʌsk]
one of the two long teeth of an elephant or a walrus (der Stoßzahn; der Eckzahn):
*Male elephants use their **tusks** when they fight each other.*
Männliche Elefanten benutzen ihre **Stoßzähne**, wenn sie miteinander kämpfen.

twig [twɪg]
a small, thin branch of a tree or bush (der Zweig):
*A lot of sparrows are sitting on **twigs** in the hedge.*
Viele Spatzen sitzen auf den **Zweigen** in der Hecke.

twinkle [ˈtwɪŋkl]
to shine (funkeln): *The stars are **twinkling** in the sky.*
Die Sterne **funkeln** am Himmel.

twins [twɪnz]
two children who were born to the same mother at the same time (die Zwillinge):
*Tom and Steve are **twins**; Tom is the **twin** brother of Steve.*
Tom und Steve sind **Zwillinge**; Tom ist der **Zwillings**bruder von Steve.

twist [twɪst]
to turn something round (drehen; wickeln):
*The mechanic **twisted** the two pieces of wire together.*
Der Mechaniker **wickelte** die beiden Drähte zusammen.

tyre [ˈtaɪə]
a thick ring of rubber that goes round a wheel and is filled with air (der Reifen):
*Mr Smiley is changing the **tyres** of his car.*
Herr Smiley wechselt die **Reifen** seines Autos.

?

Does a turkey have tusks?

____

A B C D E F G H I J K L M N O P Q R S T U V W X Y Z

Uu

ugly ['ʌglɪ]
not nice to look at (hässlich):
*The old witch is very **ugly**.*
Die alte Hexe ist sehr **hässlich**.

umbrella [ʌm'brelə]
a thing that you hold over your head to protect yourself from the rain (der Regenschirm):
*Sally has put up her **umbrella** because it is raining.*
Sally hat ihren **Regenschirm** aufgespannt, weil es regnet.

uncle ['ʌŋkl]
the brother of your mother or father, or the husband of your aunt (der Onkel): *Tim has five **uncles** but he only likes his **Uncle** George.* Tim hat fünf **Onkel**, aber er mag nur seinen **Onkel** George.

under ['ʌndə]
below something (unter):
*The dog is lying **under** the table.*
Der Hund liegt **unter** dem Tisch.

underground ['ʌndəgraʊnd]
1. below the ground (unterirdisch; unter der Erde):
*Wild rabbits live **underground**.*
Wilde Kaninchen leben **unter der Erde**.
2. an underground railway in a city (die U-Bahn):
*Mr Brown goes to work by **underground**.* Herr Brown fährt mit der **U-Bahn** zur Arbeit.

underneath [ʌndə'ni:θ]
under (unter; darunter):
*Patrick keeps his toy cars in a box **underneath** his bed.*
Patrick bewahrt seine Spielzeugautos in einer Schachtel **unter** seinem Bett auf.

understand [ʌndə'stænd]
1. to know what something means (verstehen):
*I don't **understand** what you mean by that.* Ich **verstehe** nicht was du damit meinst.
2. to know why something happens (verstehen):
*Bobby doesn't **understand** why the television isn't working.*
Bobby **versteht** nicht warum der Fernseher nicht funktioniert.

uniform ['ju:nɪfɔ:m]
a set of clothes that everyone in a certain group has to wear (die Uniform):
*Policemen and soldiers wear **uniforms**.* Polizisten und Soldaten tragen eine **Uniform**.

unpack [ʌn'pæk]
to take things out of a case (auspacken):
*Rita **unpacked** her suitcase when she came home from her holiday.*
Rita **packte** ihren Koffer **aus** als sie vom Urlaub nach Hause kam.

untidy [ʌn'taɪdɪ]
not tidy (unordentlich):
*Andy's room looks **untidy**.* Andys Zimmer sieht **unordentlich** aus.

up [ʌp]
1. to a higher place (oben; nach oben; hinauf):
*Harry is walking **up** the stairs.*
Harry steigt die Treppe **hinauf**.
2. out of bed (auf): *Rita is **up** already.* Rita ist schon **auf**.

upset [ʌp'set]
1. to knock something over (umstoßen, umwerfen):
*The dog **upset** the vase.*
Der Hund **warf** die Vase **um**.
2. sad or worried (aufgeregt; aufgebracht): *Dick's mother was **upset** because he lied to her.*
Dicks Mutter war **aufgebracht**, weil er sie angelogen hatte.

upside down [ʌpsaɪd'daʊn]
with the top part underneath (verkehrt herum): *Mrs Lee is holding the cookbook **upside down**.* Frau Lee hält das Kochbuch **verkehrt herum**.

upstairs [ʌp'steəz]
to a higher floor; on a higher floor (nach oben; oben):
*Harry is going **upstairs**.*
Harry geht **nach oben**.

use [ju:z]
to do a job with something (benutzen; verwenden):
*Norman is **using** a big knife to cut the cake.* Norman **benutzt** ein großes Messer um den Kuchen aufzuschneiden.

usually ['ju:ʒʊəlɪ]
most times (meistens):
*Dad **usually** comes home at six o'clock.* Papa kommt **meistens** um sechs Uhr nach Hause.

Vv

vacuum cleaner
['vækjʊəm kliːnə]
a machine that cleans carpets by sucking dirt into itself (der Staubsauger):
*Mrs Lee uses a **vacuum cleaner** to clean the carpets.*
Frau Lee benutzt einen **Staubsauger** um die Teppiche sauber zu machen.

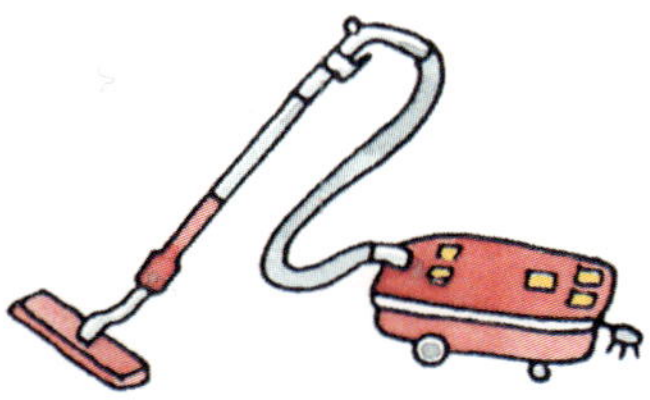

valley ['vælɪ]
a narrow piece of land between hills (das Tal):
*There is a river running through the **valley**.*
Durch das **Tal** fließt ein Fluss.

van [væn]
a vehicle like a small lorry that is used for transporting things (der Lieferwagen):
*The two men delivered the cupboard in a small **van**.*
Die beiden Männer lieferten den Schrank in einem kleinen **Lieferwagen**.

vanish ['vænɪʃ]
suddenly not to be seen any more (verschwinden): *The magician waved his wand and the rabbit **vanished**.* Der Zauberer bewegte seinen Zauberstab und das Kaninchen **verschwand**.

vase [vɑːz]
a container for putting flowers in (die Vase): *Rita put the flowers in a yellow **vase**.* Rita hat die Blumen in eine gelbe **Vase** gestellt.

vegetable ['vedʒtəbl]
a plant, or a part of a plant, that you can eat (das Gemüse):
*Mrs Lee grows beans, peas, carrots, cucumbers, peppers and lots of other **vegetables** in her garden.* Frau Lee hat Bohnen, Erbsen, Karotten, Gurken, Paprika und viele andere **Gemüse**sorten in ihrem Garten.

vehicle ['viːɪkl]
a bicycle, car, van, lorry, bus, train or anything else for carrying people or things (das Fahrzeug):
*A spaceship is the fastest **vehicle** there is.* Ein Raumschiff ist das schnellste **Fahrzeug**, das es gibt.

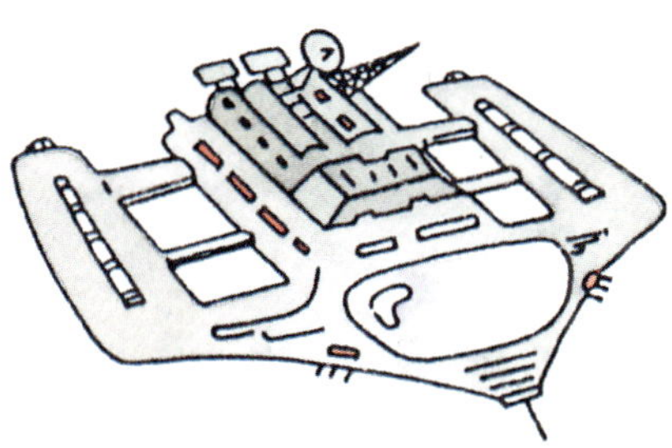

veil [veɪl]
a thin piece of cloth (der Schleier):
*The bride was wearing a long, white **veil**.* Die Braut trug einen langen, weißen **Schleier**.

vet [vet]
a doctor for animals (der Tierarzt/die Tierärztin): *Mrs Lee took her dog to the **vet** when it hurt its paw.* Frau Lee brachte ihren Hund zum **Tierarzt**, als er sich die Pfote verletzt hatte.

video recorder ['vɪdɪəʊ rɪkɔːdə]
a machine for recording television programmes on to video tapes, so that you can watch them later on a television (der Videorekorder):
*Do you know how to use a **video recorder**?*
Weißt du wie man einen **Videorekorder** bedient?

violet ['vaɪələt]
1. a very small, purple flower (das Veilchen):
***Violets** smell very nice.*
Veilchen riechen sehr gut.

2. a purple colour (violett):
*Helen is wearing a **violet** dress.*
Helen trägt ein **violettes** Kleid.

?

Which vehicle on these two pages can you use to transport vegetables?

violin [vaɪə'lɪn]
a musical instrument with four strings that you hold under your chin and play with a long, thin stick called a bow (die Geige, die Violine): *Patrick plays* ***the violin*** *very well.* Patrick spielt sehr gut **Geige**.

visit ['vɪzɪt]
1. to go to see someone (besuchen): *We* ***visit*** *our granny every week.* Wir **besuchen** unsere Oma jede Woche.
2. to go and see a place (besichtigen): *Uncle Bob* ***visited*** *Edinburgh Castle when he was in Scotland.* Onkel Bob **besichtigte** das Edinburgh Castle, als er in Schottland war.

visitor ['vɪzɪtə]
someone who is visiting a person or a place (der/die Besucher/in; der Besuch): *Mike had a lot of* ***visitors*** *when he was in hospital.* Mike bekam viel **Besuch**, als er im Krankenhaus war.

voice [vɔɪs]
the sound that you hear when someone speaks or sings (die Stimme): *Sandra has a high* ***voice*** *and Grandad has a deep* ***voice****.* Sandra hat eine hohe **Stimme** und Opa hat eine tiefe **Stimme**.

volcano [vɒl'keɪnəʊ]
a mountain that has a hole at the top, where rocks, smoke and a very hot, thick liquid, called lava, sometimes burst out from inside the earth (der Vulkan): *All the homes in the area were destroyed by the* ***volcano****.* In der Gegend wurden alle Häuser von dem **Vulkan** zerstört.

Ww

wag [wæg]
to wave the tail from side to side (wedeln): *The puppy is* ***wagging*** *its tail because it is happy.* Das Hündchen **wedelt** mit dem Schwanz, weil es glücklich ist.

waist [weɪst]
the narrow part of your body where you wear a belt (die Taille): *This skirt is too tight round the* ***waist****.* Dieser Rock ist um die **Taille** zu eng.

wait [weɪt]
to stay where you are, until someone or something comes (warten): *Bobby is* ***waiting*** *at the bus stop for the school bus.* Bobby **wartet** an der Bushaltestelle auf den Schulbus.

wake [weɪk]
1. to make someone stop sleeping (aufwecken): *Sandra is going to* ***wake*** *her granny because dinner is ready.* Sandra **weckt** ihre Oma, weil das Essen fertig ist.
2. to stop sleeping (aufwachen): *The baby* ***woke up*** *because of the loud noise.* Das Baby **wachte** wegen des lauten Geräuschs **auf**.

walk [wɔːk]
to move on foot (laufen, gehen): *Helen usually* ***walks*** *to school but sometimes her mother takes her by car.* Helen **läuft** meistens zur Schule, aber manchmal fährt sie ihre Mutter mit dem Auto.

wall [wɔːl]
a side of a building or room (die Wand; die Mauer): *Toby is hanging a picture* ***on the wall****.* Toby hängt ein Bild **an die Wand**.

wallet ['wɒlɪt]
a flat purse for keeping paper money in (die Brieftasche): *Dad took a hundred-dollar note out of his* ***wallet*** *and paid for the meal in the restaurant.* Papa nahm einen Hundert-Dollar-Schein aus seiner **Brieftasche** und bezahlte das Essen im Restaurant.

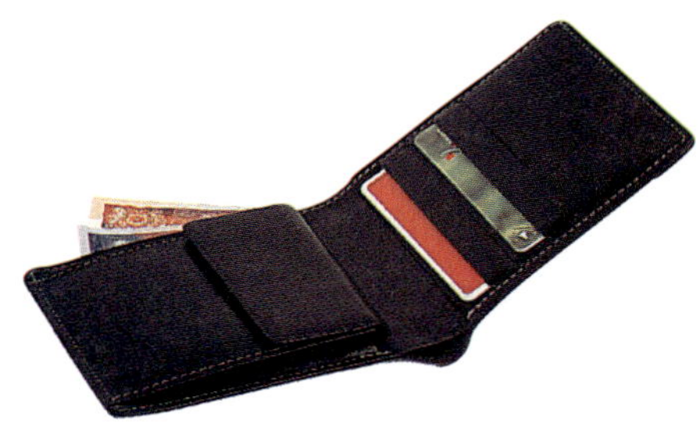

walnut ['wɔːlnʌt]
a nut that has a hard, egg-shaped, light brown shell and grows on a tree (die Walnuss): *You need a nutcracker to crack open the hard shell of a* ***walnut****.* Man braucht einen Nussknacker um die harte Schale einer **Walnuss** zu knacken.

walrus ['wɔːlrəs]
a sea animal like a large seal with a thick skin, two tusks and long whiskers
(das Walross): ***Walruses** eat a lot of fish.*
Walrosse fressen sehr viel Fisch.

wand [wɒnd]
a thin stick that magicians or fairies use for doing magic
(der Zauberstab):
*In the fairy tale, the fairy waved her magic **wand** and the frog turned into a prince.* In dem Märchen schwenkte die Fee ihren **Zauberstab** und der Frosch verwandelte sich in einen Prinzen.

want [wɒnt]
1. to like to have something (mögen): *Do you **want** a glass of orange juice?* **Magst** du ein Glas Orangensaft?
2. to like to do something (wollen): *I don't **want** to go to bed now.* Ich **will** jetzt noch nicht ins Bett gehen.

warn [wɔːn]
1. to tell someone that something bad will happen (warnen):
*The dog barked to **warn** us that someone was trying to break into our house.*
Der Hund bellte um uns zu **warnen**, dass jemand versuchte in unser Haus einzubrechen.
2. to tell someone not to do something because something bad may happen (davor warnen):
*Mrs Lee **warned** Andy **not** to play with matches.*
Frau Lee **warnte** Andy **davor** mit Streichhölzern zu spielen.

wash [wɒʃ]
to make something clean with water and soap (waschen):
*Linda is **washing** her hands in the washbasin.*
Linda **wäscht** sich im Waschbecken die Hände.

watch [wɒtʃ]
a kind of little clock that you wear on a strap round your wrist
(die Armbanduhr):
*Paul is looking at his **watch** to see what time it is.*
Paul sieht auf seine **Armbanduhr** um zu sehen wie spät es ist.

watch [wɒtʃ]
to look at someone or something
(sich ansehen; beobachten):
*Bobby is **watching** a football match on television.*
Bobby **sieht sich** ein Fußballspiel im Fernsehen **an**.

water ['wɔːtə]
the clear liquid that is in rivers, lakes and the sea (das Wasser):
*You can't drink sea **water** because it is much too salty.*
Man kann Meer**wasser** nicht trinken, weil es viel zu salzig ist.

waterfall ['wɔːtəfɔːl]
a place on a river where water falls down from a high rock
(der Wasserfall):
*A **waterfall** falls into a pool below.* Ein **Wasserfall** fällt in ein darunter liegendes Becken.

watermelon ['wɔːtəmelən]
a large fruit that has a dark green skin, red, very juicy flesh and lots of black seeds
(die Wassermelone):
*We each had a big slice of **watermelon** for dessert.*
Zum Nachtisch aß jeder von uns ein großes Stück **Wassermelone**.

?

Find two words on this page that are made up of two words.

A B C D E F G H I J K L M N O P Q R S T U V W X Y Z

wave [weɪv]
1. to raise your hand and move it from side to side to say hello or goodbye to someone (winken):
*Kathy is **waving** goodbye to her friends.*
Kathy **winkt** ihren Freunden zum Abschied.

2. to hold something up and move it from side to side (schwenken):
*The magician **waved** his wand and a white rabbit jumped out of the hat.*
Der Zauberkünstler **schwenkte** seinen Zauberstab und aus seinem Hut sprang ein weißes Kaninchen.
3. one of the long, rolling, high bits in the sea that come towards the shore (die Welle):
*The **waves** are splashing against the rock.* Die **Wellen** schlagen gegen den Felsen.

wax [wæks]
something solid that is made of fat and used to make candles (das Wachs):
***Wax** becomes liquid when it gets hot.*
Wachs wird flüssig, wenn es heiß wird.

weak [wiːk]
not strong (schwach): *The old man is so **weak** that he cannot get up on his own.* Der alte Mann ist so **schwach**, dass er nicht allein aufstehen kann.

weapon ['wepən]
one of the many kinds of things that people fight with (die Waffe):
*Swords, spears, bows and arrows and guns are **weapons**.*
Schwerter, Speere, Pfeile und Bogen und Gewehre sind **Waffen**.

wear [weə]
to have something on your body (tragen):
*Kathy is **wearing** a pink dress and her mother's purple shoes.*
Kathy **trägt** ein rosa Kleid und die lila Schuhe ihrer Mutter.

weather ['weðə]
something that can be hot, cold, windy, rainy or sunny (das Wetter):
*The **weather** in Britain is often very bad – it is cold and it rains a lot.* In Großbritannien ist das **Wetter** oft sehr schlecht - es ist dort kalt und es regnet viel.

wedding ['wedɪŋ]
the day when a man and a woman marry (die Hochzeit):
*The bride and the bridegroom invited their families and friends to their **wedding**.*
Die Braut und der Bräutigam luden ihre Verwandten und Freunde zu ihrer **Hochzeit** ein.

weed [wiːd]
any wild plant that is growing where you don't want it to grow (das Unkraut):
*Mrs Lee is pulling out **weeds** in her garden.*
Frau Lee jätet in ihrem Garten **Unkraut**.

week [wiːk]
1. seven days (die Woche):
*Mike has to stay in hospital for two **weeks**.* Mike muss zwei **Wochen** im Krankenhaus bleiben.
2. the time from one Sunday to the next Saturday (die Woche):
*We're going away on holiday next **week**.* Nächste **Woche** fahren wir in Urlaub.

weekend [wiːk'end]
Saturday and Sunday (das Wochenende): *In Britain, children don't go to school **at the weekend**.* In Großbritannien gehen die Kinder am **Wochenende** nicht zur Schule.

weigh [weɪ]
to find out how heavy someone or something is (wiegen):
*The butcher is **weighing** the meat on the scales.*
Der Metzger **wiegt** das Fleisch auf der Waage.

welcome ['welkəm]
1. to say hello to a visitor in a friendly way (begrüßen):
*Sally is **welcoming** her friend.*
Sally **begrüßt** ihre Freundin.
2. a word you say when you welcome someone (willkommen):
*"**Welcome** home!" said Mike's parents when he came back from hospital.*
"**Willkommen** daheim!" sagten Mikes Eltern, als er aus dem Krankenhaus heimkam.
3. to be welcome to: allowed by someone to do something (gern):
*You **are welcome to** borrow any of my books.*
Du kannst dir **gern** Bücher von mir ausleihen.

well [wel]

1. doing something in a good way (gut): *Rita can sing very **well**.* Rita kann sehr **gut** singen.
2. healthy (gesund): *Grandad was ill last week, but now he is **well** again.* Opa war letzte Woche krank, aber jetzt ist er wieder **gesund**.
3. a deep, round hole made in the ground that you can get water from (der Brunnen): *The people in the village have to fetch all the water they need from a **well**.* Die Leute in dem Dorf müssen alles Wasser, das sie brauchen, von einem **Brunnen** holen.

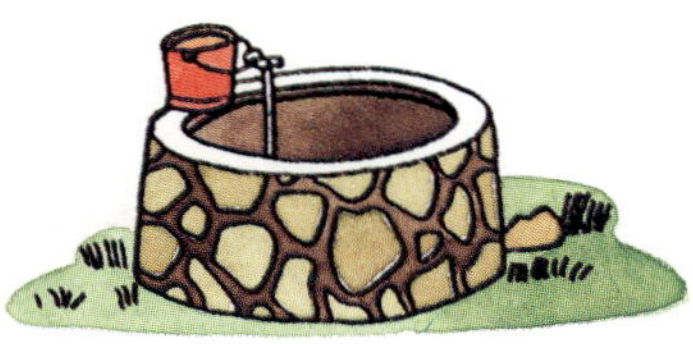

wet [wet]
covered with water or another liquid; not dry (nass): *Bobby got very **wet** because he went out in the rain without an umbrella.* Bobby wurde ganz **nass**, weil er ohne Schirm nach draußen in den Regen ging.

whale [weɪl]
the biggest animal that lives in the sea with a smooth skin (der Wal): *A **whale** has to bring its head out of the water to breathe.* Ein **Wal** muss seinen Kopf aus dem Wasser bringen um zu atmen.

wheel [wiːl]
a round, rolling thing that is fixed to vehicles so that they can move along the ground (das Rad): *A bicycle has two **wheels** and a tricycle has three **wheels**.* Ein Fahrrad hat zwei **Räder** und ein Dreirad hat drei **Räder**.

whiskers [ˈwɪskəz]
the long, strong hairs that grow above the mouth of an animal, such as a cat or a rat (die Schnurrhaare): *The cat hates it when you touch its **whiskers**.* Die Katze mag es überhaupt nicht, wenn man ihre **Schnurrhaare** berührt.

whisper [ˈwɪspə]
to speak in a very low voice (flüstern): *Polly is **whispering** to Sally because she doesn't want other people to hear what she is saying.* Polly **flüstert** mit Sally, weil sie nicht will, dass andere Leute hören, was sie sagt.

whistle [ˈwɪsl]
to make a loud, high sound through your lips (pfeifen): *Harry is **whistling** to his dog.* Harry **pfeift** seinem Hund.

whole [həʊl]
all of something (ganz): *Norman has eaten the **whole** cake – there is nothing left for Andy.* Norman hat den **ganzen** Kuchen gegessen - für Andy ist nichts übrig geblieben.

wicked [ˈwɪkɪd]
very naughty; very bad (böse): *It was **wicked** of Dick to trip Patrick.* Es war sehr **böse** von Dick, Patrick stolpern zu lassen.

wide [waɪd]
measuring a lot from side to side; not narrow (breit; weit): *The stream is too **wide** for me to jump across.* Der Bach ist für mich zu **breit** um hinüber zu springen.

wife [waɪf]
the woman that a man is married to (die Ehefrau, die Frau): *Mrs Lee is Mr Lee's **wife**.* Frau Lee ist die **Frau** von Herrn Lee.

?

Do you whistle or whisper if you don't want people to hear you?

____

wig [wɪg]
a kind of cap with hair that you wear over your own hair (die Perücke): *The actor who is playing the wizard is wearing a **wig** with long, grey hair.* Der Schauspieler, der den Zauberer spielt, trägt eine **Perücke** mit langem, grauem Haar.

wild [waɪld]
1. not living with people; not tame (wild; Wild-): *A leopard is a big, **wild** cat.* Ein Leopard ist eine große **Wild**katze.
2. not growing in a garden (wild wachsend):
***Wild** strawberries are very small.*
Wild wachsende Erdbeeren sind sehr klein.

win [wɪn]
to come first in a race or competition (gewinnen):
*Andy has **won** first prize in the drawing competition.*
Andy hat den ersten Preis im Malwettbewerb **gewonnen**.

wind [wɪnd]
air that is moving very fast (der Wind): *The strong **wind** blew Mrs Lee's hat off.* Der starke **Wind** hat Frau Lees Hut weggeblasen.

window ['wɪndəʊ]
a space with glass in the wall of a building or in the side of a vehicle (das Fenster): *Mandy opened the **windows** to let in some fresh air.* Mandy machte die **Fenster** auf um frische Luft hereinzulassen.

wine [waɪn]
a drink that is made from grape juice (der Wein): *Mr Lee prefers red **wine** to white **wine**.*
Herr Lee trinkt lieber Rot**wein** als Weiß**wein**.

wing [wɪŋ]
the part of a bird's or insect's body that it flies with; one of the two long, flat parts at the sides of an aeroplane (der Flügel):
*Birds have two **wings**.*
Vögel haben zwei **Flügel**.

winner ['wɪnə]
someone who wins a race or a competition
(der/die Gewinner/in):
*Betty was the **winner** of the music competition.*
Betty war die **Gewinnerin** des Musikwettbewerbs.

wipe [waɪp]
1. to clean something by rubbing it with a cloth
(abwischen):
*Rita **wiped** the table with a wet cloth.*
Rita **wischte** den Tisch mit einem nassen Tuch **ab**.
2. to dry something by rubbing it (abtrocknen):
*Dick **wiped** his wet hands on a towel.*
Dick **trocknete** seine nassen Hände am Handtuch **ab**.

wire ['waɪə]
a long, very thin piece of metal (der Draht; die Leitung):
*Electricity is carried along **wires**.*
Strom wird über **Leitungen** geführt.

wish [wɪʃ]
to want something to happen (wünschen): *Patrick **wishes** he could fly.* Patrick **wünscht** sich, dass er fliegen könne.

witch [wɪtʃ]
a woman in a fairy tale who can do magic (die Hexe):
*The wicked **witch** is riding on her broom in the air.*
Die böse **Hexe** reitet auf ihrem Besen durch die Luft.

wizard ['wɪzəd]
a man in a fairy tale who can do magic (der Zauberer):
*The **wizard** is using his magic wand to do magic.*
Der **Zauberer** benutzt seinen Zauberstab um zu zaubern.

wolf [wʊlf]
a wild animal that looks like a large dog and that lives in forests in cool parts of the world
(der Wolf):
***Wolves** hunt together in a group called a pack.*
Wölfe jagen gemeinsam in einer Gruppe, die man ein Rudel nennt.

woman ['wʊmən]
a grown-up female person (die Frau): *Mrs Lee and two other **women** were talking on the bus.* Frau Lee und zwei andere **Frauen** unterhielten sich im Bus.

wood [wʊd]
something that trees are made of and that is used for making furniture, doors, paper and lots of other things
(das Holz):
*Mr Smiley is chopping some **wood** for the fireplace.*
Herr Smiley hackt gerade **Holz** für den offenen Kamin.

woodpecker ['wʊdpekə]
a bird with a long, sharp beak that makes holes in tree trunks to find insects to eat
(der Specht):
*In the forest you can often hear a **woodpecker** making a loud tapping noise with its beak.*
Im Wald kann man oft einen **Specht** hören, der mit seinem Schnabel ein lautes, klopfendes Geräusch erzeugt.

wool [wʊl]
the thick, soft hair of sheep or goats that is made into yarn and used for making clothes or blankets
(die Wolle):
*Granny is knitting a warm jumper for Harry out of red **wool**.*
Oma strickt für Harry einen warmen Pullover aus roter **Wolle**.

work [wɜːk]
1. to have a job
(arbeiten):
*Mr Lee **works** in a big office.*
Herr Lee **arbeitet** in einem großen Büro.
2. to do something that needs to be done
(arbeiten):
*Mrs Lee is **working** in the garden.*
Frau Lee **arbeitet** gerade im Garten.
3. something that needs to be done; the place where someone's job is
(die Arbeit):
*Mr Lee goes to **work** at seven o'clock in the morning.*
Herr Lee geht um sieben Uhr morgens zur **Arbeit**.

world [wɜːld]
the earth
(die Welt):
*The blue whale is the biggest animal **in the world**.*
Der Blauwal ist das größte Tier **auf der Welt**.

worm [wɜːm]
a small, soft animal with a long, narrow body and no legs
(der Wurm):
*An earth**worm** lives in the soil.*
Ein Regen**wurm** lebt in der Erde.

worry ['wʌrɪ]
to feel unhappy because you think something bad might happen (sich Sorgen machen):
*Rita is **worrying about** her cat because she hasn't seen it for the last three days.*
Rita **macht sich Sorgen um** ihre Katze, weil sie sie seit drei Tagen nicht mehr gesehen hat.

wrap [ræp]
to put a piece of paper or cloth round something
(einwickeln; verpacken):
*Mandy is **wrapping up** the birthday present in green paper.*
Mandy **verpackt** das Geburtstagsgeschenk in grünes Papier.

How is a wizard different from a witch?

____

wring [rɪŋ]
to squeeze water out of a wet cloth by twisting it (auswringen):
*Mum is **wringing out** the wet cloth.*
Mama **wringt** das nasse Tuch **aus**.

wrist [rɪst]
the part of your arm above your hand (das Handgelenk):
*Most people wear a watch round their left **wrist**.*
Die meisten Leute tragen um das linke **Handgelenk** eine Armbanduhr.

write [raɪt]
to make letters and words, usually on paper with a pen or pencil (schreiben):
*Sandra is **writing** her name on a slate.*
Sandra **schreibt** ihren Namen auf eine Tafel.

wrong [rɒŋ]
1. not correct (falsch):
*In the test, Tim got five answers right and two answers **wrong**.*
Tim hatte in der Klasssenarbeit fünf richtige Antworten und zwei **falsche** Antworten.
2. not going well (nicht stimmen; los sein): *"What's **wrong**? Why are you looking so sad?"*
"Was **ist los**? Warum schaust du so traurig?"

X x

x-ray ['eksreɪ]
a kind of photograph that shows the inside of your body (die Röntgenaufnahme):
*The doctor **took an x-ray** of Mike's chest to see if anything was wrong.*
Die Ärztin hat **eine Röntgenaufnahme** von Mikes Brust **gemacht** um zu sehen, ob irgendetwas nicht stimmte.

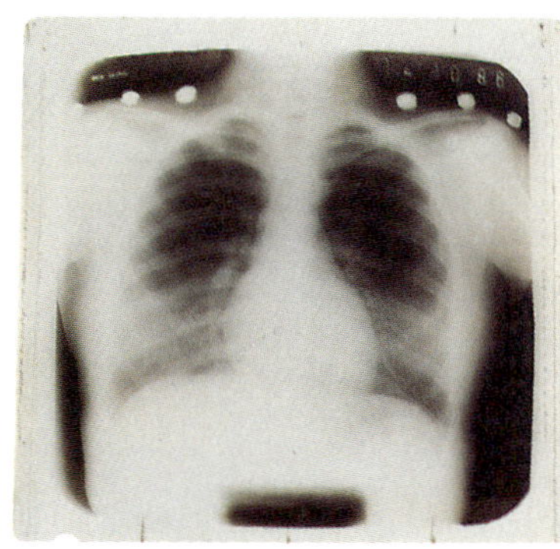

xylophone ['zaɪləfəʊn]
a musical instrument made of a row of flat pieces of wood or metal that you strike with two small hammers (das Xylophon):
*Sandra can play a tune on the **xylophone**.*
Sandra kann eine Melodie auf dem **Xylophon** spielen.

Y y

yacht [jɒt]
a boat with sails or an engine (die Jacht):
*Patrick and his father are sailing their **yacht**.*
Patrick und sein Vater segeln mit ihrer **Jacht**.

yak [jæk]
a kind of ox that has long hair and long horns (der Jak, der Grunzochse):
***Yaks** live in Tibet.*
Jaks leben in Tibet.

yawn [jɔːn]
to open your mouth wide and breathe in a lot of air (gähnen):
*Billy is **yawning** because he is very tired.*
Billy **gähnt**, weil er sehr müde ist.

year [jɪə]
12 months; 365 days (das Jahr):
*Harry is six **years** old.*
Harry ist sechs **Jahre** alt.

yell [jel]
to cry very loudly (schreien):
*The baby is **yelling** for his mother.*
Das Baby **schreit** nach seiner Mutter.

yellow ['jeləʊ]
the colour of the sun (gelb): *Linda is wearing a* ***yellow*** *raincoat.* Linda trägt einen **gelben** Regenmantel.

yesterday ['jestədeɪ]
the day before today (gestern): *Norman was ill* ***yesterday****, but today he is well again.*
Norman war **gestern** krank, aber heute geht es ihm wieder gut.

yoghurt ['jɒgət]
a soft, white food that is made from milk and tastes sour (der Jog(h)urt):
Mandy likes ***yoghurt*** *mixed with apricot.* Mandy isst gern **Jogurt** mit Aprikosen.

yolk [jəʊk]
the yellow part in the middle of an egg (das Eigelb):
A ***yolk*** *looks like a small, yellow ball.* Ein **Eigelb** sieht wie ein kleiner, gelber Ball aus.

young [jʌŋ]
not old; little (jung): *The puppy is very* ***young*** *– it is only a week old.* Das Hündchen ist noch ganz **jung** - es ist erst eine Woche alt.

yo-yo ['jəʊjəʊ]
a small, round toy that rolls up and down a piece of string (das Jo-Jo): *Dave is playing with his* ***yo-yo****.* Dave spielt mit seinem **Jo-Jo**.

Zz

zebra ['zebrə]
an animal from Africa that looks like a small horse with a white body and black stripes (das Zebra):
Zebras *live in large herds in Africa.*
Zebras leben in großen Herden in Afrika.

zebra crossing [zebrə'krɒsɪŋ]
a place on a street that is marked with white stripes, where cars stop for pedestrians to cross (der Zebrastreifen):
The children waited at the ***zebra crossing*** *for the cars to stop, and then they crossed the street.*
Die Kinder warteten am **Zebrastreifen** bis die Autos angehalten hatten und überquerten dann die Straße.

zero ['zɪərəʊ]
the number 0 (die Null):
The number 100 has a one and two ***zeros****.* Die Zahl 100 hat eine eins und zwei **Nullen**.

zigzag ['zɪgzæg]
a line that goes from side to side as in a 'Z' (die Zickzacklinie):
Paul is drawing ***zigzags*** *in different colours.*
Paul malt **Zickzacklinien** in verschiedenen Farben.

zip [zɪp]
a long, narrow metal or plastic thing that is used for keeping something closed (der Reißverschluss):
Helen has a ***zip*** *on her jacket.*
Helen hat an ihrer Jacke einen **Reißverschluss**.

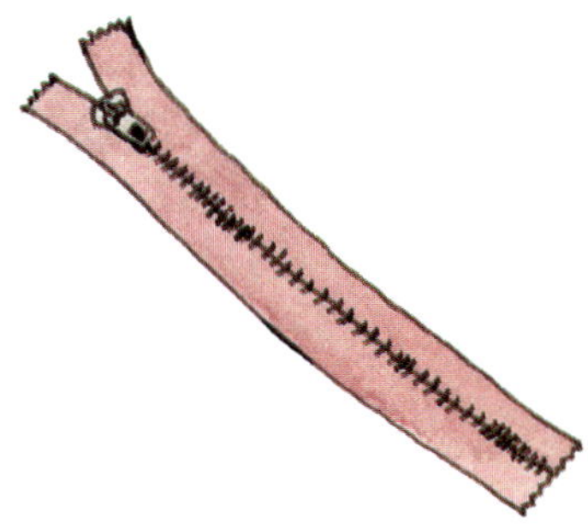

zoo [zuː]
a place where lots of wild animals are kept for people to go and see (der Zoo):
The children are watching the monkeys ***at the zoo****.*
Die Kinder sehen den Affen **im Zoo** zu.

?

Which two animals on these two pages could be found in the zoo?

Answers to word quizzes

Page 3 Aeroplanes land and take off at an airport.
Page 5 No, you keep fish in an aquarium.
Page 7 Yes, you can have a barbecue on a beach.
Page 9 Yes, you can use binoculars to watch a bird in the sky.
Page 11 You wear boots on your feet.
Page 13 You use a brush for scrubbing and a broom for sweeping.
Page 15 You ride on a camel.
Page 17 The three vegetables are carrot, cauliflower and celery.
Page 19 The cheek is part of your face and the chest is part of your body.
Page 21 You can see clowns at a circus.
Page 23 A crab walks sideways.
Page 25 A baby lion is called a cub.
Page 27 You eat a dessert after a meal.
Page 29 Yes, you can go downstairs in a double-decker.
Page 31 You keep earrings in a drawer.
Page 33 Yes, you can enter through an entrance.
Page 35 You have a father in a family.
Page 37 No, firemen put out fires.
Page 39 A fox has fur.
Page 41 A giraffe has long legs.
Page 43 An angry dog growls.
Page 45 A hare has long ears.
Page 47 The two animals are a hen and a hippopotamus.
Page 49 A horse has four hooves.
Page 51 The right container for jam is a jar.
Page 53 The two baby animals are a kid and a kitten.
Page 55 You turn on the lamp for light.
Page 57 A water pipe can leak.
Page 59 'Living-room' is made up of the two words 'living' and 'room'.
Page 61 You strike a match.
Page 63 Part of an hour is called a minute.
Page 65 A mosquito can bite you.
Page 67 No, you put your hands over your ears when there is a lot of noise.
Page 69 An octopus lives in the sea.
Page 71 A panda has paws.
Page 73 A penguin cannot fly.
Page 75 A person who flies a plane is called a pilot.
Page 77 You can ride a pony.
Page 79 You win a prize.
Page 81 You use a rake when you are working in the garden.
Page 83 A rhinoceros has a horn on its head.
Page 85 You buy cheap sandals at a sale.
Page 87 The three tools are a saw, a pair of scissors and a screwdriver.
Page 89 You take a seat when you sit down.
Page 91 You wear a shirt, shoes and shorts.
Page 93 You sniff when you are trying to smell something.
Page 95 The two types of sound are snoring and song.
Page 97 The building where horses are kept is a stable.
Page 99 The words made up of two words each are stomachache, strawberry and suitcase.
Page 101 It gets dark at sunset.
Page 103 You tell a tale.
Page 105 They are your throat, thumb, toe and tongue.
Page 107 You use a train to travel to another country.
Page 109 No, a turkey does not have tusks.
Page 111 You can use a van to transport vegetables.
Page 113 'Waterfall' is made up of 'water' and 'fall' and 'watermelon' is made up of 'water' and 'melon'.
Page 115 You whisper if you don't want people to hear you.
Page 117 A wizard is a man and a witch is a woman.
Page 119 The two animals are a yak and a zebra.

Animals and their young

Animal	Young
bear	cub
butterfly	caterpillar
cat	kitten
cow	calf
deer	fawn
dog	puppy
duck	duckling
eagle	eaglet
frog	tadpole
fox	cub
goat	kid
goose	gosling
hen	chick
horse	foal
kangaroo	joey
leopard	cub
lion	cub
pig	piglet
owl	owlet
sheep	lamb
swan	cygnet
tiger	cub
whale	calf

Sounds that animals make

A bear growls.
A bee hums.
A beetle drones.
A bird whistles.
A cat mews/purrs.
A cock crows.
A cow moos/lows.
A deer bells.
A dog barks/growls.
A donkey brays.
A drove coos.
A duck quacks.
An eagle screams.
An elephant trumpets.
A frog croaks.
A goose hisses/cackles.
A hen clucks/cackles.
A horse neighs.
A lamb bleats.
A lion roars.
A monkey chatters.
A mouse squeaks.
An owl hoots.
A pig grunts.
A rabbit squeals.
A sheep bleats.
A snake hisses.
A tiger growls.

Gender

People

Masculine	Feminine
actor	actress
boy	girl
bridegroom	bride
brother	sister
duke	duchess
emperor	empress
father	mother
gentleman	lady
grandfather	grandmother
headmaster	headmistress
hero	heroine
host	hostess
king	queen
master	mistress
monk	nun
nephew	niece
prince	princess
shepherd	shepherdess
sir	madam
son	daughter
steward	stewardess
uncle	aunt
waiter	waitress
wizard	witch

Animals

Masculine	Feminine
billy-goat	nanny-goat
bear	she-bear
boar	sow
buck (dear)	hind/doe
bull	cow
cock	hen
dog	bitch
drake	duck
fox	vixen
gander	goose
lion	lioness
ram	ewe
stallion	mare
tiger	tigress
tom-cat	tabby-cat
wolf	she-wolf